KB270839

직장인도 진짜 프로만이 살아남는다

직장인도 진짜 프로만이 살아남는다

이종민 지음

살림

소 잃고도 외양간을 고쳐야 하는 이유

'소 잃고 외양간 고쳐 봐야 무슨 소용이냐?'고 자조 섞인 목소리로 말하는 사람들을 위해 이 책을 썼다. 소도둑이 한 번만 찾아온다는 법은 없기 때문이다. 소 잃고 외양간을 고치지 않는 것보다는 소를 잃고 난 후에라도 서둘러 외양간을 고쳐야 하지 않을까?

우리는 얼마 전 외환 위기로 인해 지금껏 보유하고 있던 엄청난 달러와 높은 대외신인도라는 잘생긴 '소'를 잃고 괴로워했다. 그러나 소를 잃은 지 1년 남짓밖에 지나지 않았는데 새로 태어날 송아지 타령을 할 만큼 곳곳에 희망이 넘치고 있다. 경제력 면에서 우리보다 10배나 우위인 일본의 경우 주식 시장에 약간의 핏기가 돌기까지 10년이란 세월이 걸렸다. 이에 비해 우리 나라의 경우 파산 선고를 받은 지 불과 몇 달 만에 주가 1천 포인트 시대의 부활을 꿈꿀 만큼 경제 전망은 온통 장밋빛이다.

일부 생각 없는 이들은 "일본 사람들은 그 심성이 비관적인 데 비해 우리 나라 사람들은 낙관적이어서 그렇다"는 등 근거도 없는 소리를 한다. 정확한 분석 없이 경제를 감정이나 느낌으로만 바라보다 국치를 당한 것을 생각하면 설령 우리 경제가 앞으로 좋아진다 하더라도 일단 어디 잘못된 곳은 없는지 꼼꼼히 살펴 봐야 정상일 것이다.

'(소) 잃은 자들'의 이야기로 돌아가자. 'IMF 사태'와 상관없는 재력가들은 환난 초기에는 급등하는 금리 덕분에 짭짤한 재미를 보았으며 이제는 뛰어오르는 주가를 보는 재미에 시간 가는 줄 모른다. 주식 시장에서 한 몫 잡고 나면 다음엔 부동산 시장이 기다리고 있다.

그러나 '잃은 자들'은 어떠한가. 'IMF 사태'로 직격탄을 맞고 중상을 입었으나 훌훌 털고 일어서기까진 적잖은 시간이 걸릴 것 같다. 지난 3월 말에 나온 LG 경제연구원의 「중장기 인력 수급에 따른 고용 시장 전망」이라는 보고서가 이를 뒷받침한다. 이 보고서에 따르면 '인력의 수요와 공급 양 측면에서 걸림돌이 많아 2000년 초반까지는 고 실업 상태 탈출이 쉽지 않을 것'이라는 것이다.

수요의 측면에서 보면, 산업 구조 고도화에 따라 노동 수요가 줄어들고 기업들의 구조 조정 작업이 본격화하면서 당분간 과잉 인력 정리와 신규 채용 억제 등 고용 조정이 불가피하다고 한다.

또 공급의 측면에서 보면, '80년 이후에 태어난 베이비붐 세대가 2000년 이후 본격적으로 노동 시장에 진입하는 등 앞으로 수 년 간 젊은 노동 인력이 계속 늘어날 것이란 전망이다.

앞으로 주식 시장이 좋아질 것이라고 하지만 호주머니에 남아 있는 돈이 얼마 되지 않는 '잃은 자들'은 감히 뛰어들 수도 없다. 하반기 이후 부동산 시장에 활기가 돌 것으로 예상되지만 돈이 없어 속수무책이다.

'상대적 박탈감'이란 말이 있다. 앞으로 경제가 다소 좋아지고 증시와 부동산 시장이 살아나면 'IMF 사태'로 잃은 자들이 느끼는 상대적 박탈감은 더욱 커질 것이다. 한쪽의 기쁨이 큰 만큼 다른 한쪽의 슬픔이나 좌절이 큰 것은 제로섬 사회에서는 어쩔 수 없는 숙명이다.

어렵겠지만 자신의 입장을 상대적인 관점에서 남과 비교하는 기존의 사고 방식을 과감히 떨쳐 버리자. 그리고 이렇게 험난한 세상에서 생존하는 법을 빨리 터득하자. 이것이 바로 '소 잃고 외양간 고치는 법'이며, 이 책이 주는 메시지다.

이제 크든 작든 조직의 울타리가 개인을 보호해 주던 시대는 지났다. 아무리 경기가 좋아진다 해도 기업들은 종업원을 실력에 따라 선별해서 고용할 것이다. 따라서 실력 없는 자는 도태될 수밖에 없다. 도태되지 않기 위해서는 월급쟁이도 진짜 프로가 되어야 하는 것이다.

이 책은 바뀐 세상에서 기존의 샐러리맨이 경쟁력 있는 프로로 변신하는 노하우를 5장에 걸쳐 제시하고 있다. 이 원리는 조직의 울타리를 박차고 나온 창업자나 호시탐탐 기회를 노리며 울타리 밖을 훔쳐보고 있는 미래의 창업자들에게도 그대로 적용된다.

의욕만으로는 프로가 될 수 없다. 무엇보다 자신이 하는 일에 재미를 느끼지 못한다면 아무리 노력해도 피곤할 따름이다. 사람은 외적인 보상 때문이 아니라 일 자체가 흥미로워서 그 일에 몰두하게 될 경우 창의성을 발휘할 가장 강한 동기를 갖게 된다. 프로로 가는 길은 바로 일의 재미를 찾는 것이다. 이렇듯 내 몸값을 내가 책임지는 길은 멀리 있는 게 아니라 바로 곁에 있다는 사실을 깨닫게 되길 바란다.

끝으로, 기획 회사 M & M을 통해 집필에 많은 도움을 준 이호용님, 양영종님, 그리고 졸저의 출판을 기꺼이 허락해 준 살림출판사에 감사의 마음을 전한다.

잃은 자를 위하여
이종민

내 몸값은 내가 책임진다

창의성을 뜨겁게 달궈라

키워드

• 스스로 일에 흥미를 느껴라.

• 인정받는 재미를 알아야 한다.

• 새로운 시각으로 바라보면 창의성이 보인다.

능력은 창의성에서

직장인이 창의성을 발휘하기 위해서는 스스로의 마음가짐도 중요하지만 외부의 지원이 필수적이다. 그 중에서도 가장 중요한 것은 몸담고 있는 기업의 적극적인 지원과 직속 상관의 세심한 배려라고 말할 수 있다.

어떤 상품과 서비스를 개발하여 타사와 경쟁할 것인가? 고객의 잠재된 욕구를 어떻게 파악할 것인가? 경쟁사의 새로운 전략에 대응하는 방법은 무엇인가? 어떻게 하면 기존의 업무 처리 방식을 더욱 효율적으로 개선할 수 있을까?

이러한 과제는 기업이 직장인에 대해 요구하는 기본적인 것들인데, 고도 성장기와는 달리 요즘 같은 'IMF 시대'에는 주어진 과제에 대한 해결 능력 없이는 살아남지 못한다. 이 과제를 해결하는 능력이야말로 개인의 창의성에서 비롯된다고 하겠다. 이제는 농경사회적 성실성만으로는 살아남기 힘든 시대가 된 것이다.

창의성이라는 말은 수없이 많이 사용되지만 쓰는 사람마다 그 개념이 다르고 모호한 것이 현실이다. 창의성이란 과연 무엇인가? 현실적으로 창의성은 두 가지 종류로 구분될 수 있다. 하나는 기존에 주어진 것을 개선하는 것이다. 기존 제품의 품질을 더욱 향상시킨다거나 과거의 생산 방식에서 크게 벗어나지 않는 선에서 이전보다 생산 비용을 더욱 절감시키는 방법을 고안해 내는 것이 그 예이다.

이러한 창의성 유형의 측면에서 사람들은 저마다 다른 특성을 보여 주고 있다. 꼼꼼하고 성실하며 침착한 사람은 업무 개선과 같은 창의성을 발휘하기 쉽고, 무엇인가 새로운 것을 추구하고 모험을 즐기는 사람은 혁신적 창의성을 발휘하는 데 적합하다. 따라서 직장인마다 각자의 창의성 스타일에 맞는 일을 하는 것이 중요하다.

앞서 언급했듯이 회사의 역할도 중요하다. 그러나 회사가 단순히 종업원의 창의성 스타일을 파악하고 그에 맞게 직무를 할당한다고 저절로 창의성이 발휘되는 것은 아니다. 종업원들이 창의적 잠재력을 발휘할 수 있는 조건을 기업 내에 갖추는 것이 전제되어야 한다. 창의적 잠재력을 지닌 종업원이 기업에 존재해도 그것을 뒷받침할 조건이 갖추어지지 않으면 그의 잠재력은 사장되고 말 것이다. 요컨대 사람, 일, 조직의 상호 작용 속에서 직장인의 창의성은 비로소 실현될 수 있는 것이다.

기업이 직장인의 창의성을 구현하는 조건으로는 여러 가지를 생각해 볼 수 있겠으나 크게 다음의 세 가지, 즉 창의성을 발휘하고자 하는 동기, 창의성을 발휘할 수 있도록 하는 수단, 창의성을 발휘할 수 있는 기회를 제공하는 것 등이 필요하다.

직장인이 창의성을 발휘하게 되는 동기로는 어떤 것들이 있을까? 이를 살펴보면 대략 다음과 같은 것들이 있다.

창의성의 동기

■ 일 자체에 대한 흥미

사람은 외적인 보상 때문에 일을 하기보다 일 자체가 흥미로워서 그 일에 몰두하게 될 경우 창의성을 발휘할 가장 강한 동기를 갖게 된다. 일반적으로 직면한 문제가 쉽지 않고 도전적이며 중요한 가치를 지니는 경우, 그리고 직무가 단순한 경우보다 다양한 요소로 구성되어 있는 경우 더욱 창의성을 발휘할 가능성이 높다. 따라서 기업도 직무를 설계할 때 이 점을 고려하면 좋을 것이다.

■ 인정받는다는 재미

기업도 이제 종업원들의 무조건적인 노력 봉사를 기대하는 시대는 지났다. '글로벌 스탠더드'가 된 미국식 경영은 종업원의 무능력에 대한 징벌도 가차없지만 성과에 대한 평가도 적극적이다. 다시 말해 개인이 창의성을 발휘해 회사에 이익을 안겨 주었을 때엔 반드시 그에 상응하는 대가가 따르는 시대가 다가오고 있는 것이다. 개인의 능력에 대해 철저하게 평가하는 새로운 기업 풍토를 '인정미가 없다'고 불평할 겨를이 더 이상 없다. 이제부터 직장인들은 '기업으로부터 인정받는다'는 재미가 무엇인지 느껴야 할 것이다.

■ 새로운 시각

창의적 역량은 새로운 시각으로 사물을 바라봄으로써 문제를 발견해 내고 그 문제를 해결할 수 있는 아이디어를 창출해 내는 능력과 새로운 아이디어의 가치를 다른 사람에게 설득시킬 수 있는 능력을 말한다. 문제의 발견은 문제의 해결만큼이나 중요하다. 대부분의 사람들은 기존에 존재하는 것들을 당연시 여기고 별다른 의심을 품지 않는 경향이 있다. 하지만 창의적인 업적을 이룬 사람들은 무엇보다도 새로운 시각으로 문제를 발견해 내는 능력이 뛰어난 사람들이다. 'IMF 시대'를 헤쳐 나가야 하는 직장인들은 생존에 꼭 필요한 창의성을 기르기 위해 눈을 크게 뜨고 사물을 두 번, 세 번 곱씹어 볼 필요가 있다.

■ 전문성

자신의 분야에 대한 전문성을 갖는 것은 창의성을 발휘할 수 있는 기본 전제라고 볼 수 있다. 특정 영역에 대한 지식과 경험을 체득하지 않고는 그 분야의 문제를 발견할 수 없고, 문제에 대한 근본적인 이해가 없으면 새로운 해결책도 찾아 낼 수 없기 때문이다. 잘 살펴보면 기업 내에는 직장인의 전문성을 키워 주는 수단들이 널려 있다. 직장 생활 10년이 지나도록 별다른 전문성을 지니지 못한 사람은 직장을 그저 생계의 수단으로 삼았기 때문일 것이다. 기업은 본의든 아니든 종업원의 전문성을 키우기 위한 각종 지원들을 끊임없이 베풀고 있다. 기업이 갖추고 있는 시설, 정보, 자금, 인력 등이 그것이다. 기업은 이익 창출을 위해 이러한 요소들을 갖추고 있지만 소속된 직장인의 입장에서 볼 땐 이러한 자원들은 전문성을 키우는 데 그지없이 좋은 수단들이다.

■ 일에 대한 자율적인 마음가짐

엄연히 상하와 규율이 있는 직장에서 개인이 자율적인 마음으로 일을 한다는 것은 물론 어렵다. 그러나 잘 생각해 보면 마음을 그렇게 먹는다는데 누가 뭐라 할 것인가. 우스갯소리 같지만 이는 직장인이 창의성을 발휘하는 데 있어서 대단히 중요한 요소이다. 일이 비록 어렵고 힘들더라도 자기가 좋아서 선택한 일이라는 마음가짐만 있으면 충분히 극복할 수 있다.

■ 다른 사람들과의 협력

창의적인 결과는 서로 무관한 듯이 보이는 분야 간의 접촉을 통해 나타나는 경우가 많다. 물론 다른 분야의 일을 하는 사람들 사이에 접촉이 이루어진다고 협력적인 아이디어의 교환이 저절로 이루어지는 것은 아니다. 그들 간의 신뢰와 개방성이 전제되어야 시너지(synergy)가 발생할 수 있는 것이다. 따라서 한 기업 내에서 직장인들이 지나친 경쟁 의식을 갖는다는 것은 창의성의 구현을 저해하는 장애물이 될 수 있다. 물론 서로의 발전을 위해 건전한 경쟁 의식은 꼭 필요한 것이긴 하지만 경쟁 못지않게 중요한 것은 협력이란 사실을 염두에 두어야 한다. '네트워크'의 힘은 직장인들이 앞으로의 험난한 사회를 헤쳐 나가기 위해 꼭 외워 둬야 할 '키워드'라고 할 수 있다.

직장인도 진짜 프로만이 살아남는다

다양한 경험과 이질적인 인맥을 쌓아라

- 한 가지 일만 잘 하는 건 위험하다.
- 미시적인 것과 거시적인 것을 동시에 보자.
- 7 : 3의 법칙으로 몸값을 높여라.

양 극단의 체험 쌓기

영업으로 사회 생활을 시작해서 그 분야에서만 일해 온 사람을 만나 보면 자신감이 느껴진다. 그들은 세상 돌아가는 물정을 그 누구보다도 훤히 알고 있다. 또한 그들은 어렵고 힘들어 보이는 일도 순식간에 판단해서 금방 결정하고 추진력 있게 밀고 나간다. 영업에는 '계산이 6할, 배짱이 4할'이라는 말이 있듯이 잘 안 될 듯한 일도 그들은 배짱 있게 처리한다. 한마디로 그들에겐

화통한 구석이 있다. 비즈니스는 결국 현장에서 결판이 나므로 그런 현장을 체험하는 것이 영업이다. 흔히 말하는 현장중심주의는 영업을 통해서 얻을 수밖에 없다.

영업을 하다 보면 감각을 얻으면서 동시에 소비자와 직접 접촉하므로 현실 감각이 더욱 날카로워진다. 그러나 그 감각에도 맹점은 있다. 현장 감각은 경험이 쌓이는 것이기 때문에 원리적인 것에는 아무래도 취약할 수밖에 없다. 영업을 오래 한 사람이 매뉴얼을 보면서 따지는 사람이나 '책 읽으라'고 권하는 사람과 대화하지 않으려 하는 것은 현장에서 체득한 지식에 대한 강한 자신감의 표출이다. 그러나 이런 자신감은 세상이 달라지면, 다시 말해서 영업 환경이 변하면 금방 사라질 수 있는 허약한 것이기도 하다.

거시적인 계획을 세우는 데에는 영업을 통해 얻은 감각도 중요하다. 그러나 그것은 필수 조건이기는 하지만 충분 조건은 아니다. 경리 경험은 영업 감각의 맹점을 보완하는 데 도움이 된다. 경리란 매우 큰 것과 미세한 것을 동시에 배울 수 있는 사무 분야이다. 경리 업무에 밝으면 회사의 1년 매출은 얼마이고 이익은 얼마라는 것을 분기마다 바로 알 수 있으며 동시에 재무제표의 중심인 대차대조표나 손익계산서를 정리하는 미세한 업무에서도 두각을 나타낼 수 있다.

많은 성공 지침서가 '거시적으로 해두어야 할 일'과 '철저하게

직장인도 진짜 프로만이 살아남는다

세부 사항까지 체크해야 할 일'을 나누라고 말한다. 이것은 참으로 중요하다. 그러나 그 전에 미리 해두어야 할 것은 바로 그 두 가지를 구별할 줄 아는 능력을 기르는 것이다. 무엇이 거시적인 것이고 무엇이 세부적인 것인지를 모르는데 그걸 나누어서 정리할 수는 없을 것이기 때문이다. 이것을 구별할 수 있는 능력은 바로 양극적인 경리 업무를 적극적으로 수행하는 가운데 길러질 수 있다.

바쁘면 바쁠수록 일을 잘 할 수 있는 비결은 일에 폐해가 발생하지 않도록 능숙하게 조절하고 중점을 파악하는 것이다. 일에 서투른 사람은 뭐든지 한꺼번에 하려고 한다. '하나도 빠짐없이', '구석구석까지 신경써서' 일하는 것은 일에 서투른 사람들이 공통적으로 보이는 '작태'이다.

서로 다른 업무를 경험하는 것이 중요하다는 건 알지만 조직 사회의 특성상 그렇게 할 수 없지 않느냐고 말하는 사람이 있다. 이런 사람은 아직 조직의 쓴 맛을 덜 본 사람이라고 단언할 수 있다. '하기 싫어서 안 하는 줄 아느냐'는 변명은 말 그대로 변명에 지나지 않는다.

이질적인 인맥 쌓기

양 극단의 체험이 재취업에 도움이 되는 것은 말할 것도 없다.

대범함과 섬세함을 타고난 성격 탓으로 돌리고 적성에 맞지 않는 업무에 눈을 돌리지 않는 자야말로 참으로 위험한 사람이다. 양 극단의 체험 쌓기 노력에 도움이 되는 방안으로는 이질적인 인맥을 쌓는 것을 들 수 있다.

전국 시대 제나라 맹상군은 재주만 있으면 귀천을 가리지 않고 식객으로 대접했다. 심지어 도둑질 잘 하는 사람까지 대접한 것은 유명한 이야기이다. 맹상군이 진나라에 사신으로 갔다가 일이 잘못되어 죽을 고비에 처했다. 그때 도둑질 잘 하는 식객의 도움으로 가까스로 위기에서 벗어났다. 진왕이 다른 나라에서 받은 여우 가죽 옷을 훔쳐 내어 그의 애첩에게 선물했던 것이다. 『사기』에 나오는 이 유명한 이야기는 '이질적인 인맥 쌓기'의 필요성을 단적으로 말해 준다.

오랜만에 만난 고등학교 동창과 30분 이상 이야기하기 힘든 경우가 있다. 하고 있는 일이 전혀 다르다면 공통의 화제를 만들어 낼 수 없기 때문이다. 이런 사태는 피할 수 없는 것이기도 하지만 평소에 조금만 노력하면 얼마든지 해결할 수 있는 것이기도 하다. 그러나 대부분의 사람들은 그런 노력을 하려 하지 않는다. 당장 필요치 않기 때문이다.

그런데 만약 당신이 지금까지 해오던 일과는 전혀 다른 종류의 일을 해야 한다면 이질적인 인맥을 쌓는 일은 호사스런 취미의 문제가 아니라 생존의 문제가 된다. 지금까지 쌓아 온 동질적

직장인도 진짜 프로만이 살아남는다

인 인맥으로부터는 더 이상 얻어 낼 것이 없기 때문이다.

사이 좋게 지내는 사람이 많고 사교성이 좋은 사람은 자신의 교제가 지나치게 편중되어 있지 않나 자문해 볼 필요가 있다. 이질적인 인맥은 단순히 개인적인 차원에서뿐만 아니라 회사 차원에서도 커다란 도움을 준다. 펄프 제지 회사에 지나지 않았던 노키 사가 세계적인 정보 통신 기업으로 변신할 수 있었던 것은 이질감에 대한 과감한 개방이 바탕에 있었기 때문이다.

또 하나 중요한 것은 '직급'보다는 '능력'이 중요하다는 점이다. 우리가 날마다 마시고 사는 공기는 평소에 좀처럼 그 존재가 의식되지 않는다. 눈에 보이지 않기 때문이기도 하지만 병이라든지 특별한 경우가 아닌 이상 공기의 부재로 숨막혀 죽는 사람은 없기 때문일 것이다. 그러나 막상 숨이 막혀 죽을 것 같은 극한 상황에 처하면 공기의 소중함을 깨닫게 된다. 회사도 마찬가지다. 회사에 다니던 사람은 회사가 얼마나 많은 방파제 역할을 해주는지 알지 못하고 있다가 실직한 다음에야 비로소 그 소중함을 알게 된다.

회사가 이러할진대 회사에서의 직급 또한 커다란 방파제 역할을 해주고 있음은 말할 것도 없다. 아직까지도 계속되고 있는 연공 서열 조직 안에 있으면 '나는 부장이다. 그러므로 그에 걸맞는 실력의 소유자이다'라는 식의 생각을 하기 쉽다. 이런 사람은 한번 그 방파제 밖으로 나가 보는 것이 좋다. 그러면 부장이나 과장이라는 직책이 단순히 그 조직 안에 있을 때에만 통하는 기호에 지나지 않는다는 사실을 알게 될 것이다.

재취업을 상담하러 온 사람에게 "무슨 일을 할 수 있습니까?"라고 물었다 하자. 질문은 재취업 상담자가 어떤 전문 지식이나 특기를 갖고 있는지 묻는 것이다. 그런데 이런 질문에 대해서 "네, 부장을 할 수 있습니다"라고 대답한다면 얼마나 어이가 없겠는가.

대기업의 부장으로 퇴직해서 재취업을 하려 할 때 그만한 직책을 보장해 주는 곳은 거의 없다. 중소기업에 들어가면 모든 것을 새로 시작해야 할 상황에 처하게 되는 것이다. 이런 상황을 경험했던 사람의 말을 들어 보자.

"간단히 말해서, 제 자신이 아무것도 모른다는 걸 알게 해주었습니다. 회사의 영업 회의에 참석했을 때 이곳 저곳에서 점포의 레이아웃에 관한 의견이 계속 나왔지만, 그런 걸 모르고 있다는 이야기를 도저히 할 수가 없었습니다. '머천다이징'이 어떻고 하면서 아주 젊은 부하 직원이 의견을 내는데 용어 자체도 모르는 상황에서는 비참할 따름이었습니다."

위의 화자(話者)는 회사 밖으로 나오면 아무것도 아닌 그저 길에서 흔히 마주치는 '아저씨' 중의 한 사람일 뿐이다. 계약직 일거리를 한다 해도 예전의 회사에서 하던 것과는 천지 차이이다. 말이 좋아 프리랜서이지 달리 말하면 자신이 한 일에 대해서만 대가를 지급받을 뿐인 일당 노동자와 다르지 않다. 이런 상황에서 과거의 화려했던 직책만 생각하면 답은 나오지 않는다.

'비싼 중고품'이 되도록 노력하라

사람을 구하는 것은 물건을 사는 것과 비슷한 데가 있다. 게다가 성능이 비슷비슷한 물건이라면 신품을 선호하게 된다. 35세를 넘기면, 웬만큼 실력이 뛰어난 사람이 아니라면 채용할 사람이 나서지 않는 것이 상식이라 보면 된다. 사는 입장이 되어 보면 알 수 있을 테지만 그냥 그저 그런 중고품보다는 그다지 마모되지 않은 신품에 가까운 것이 좋을 것이기 때문이다. 그러나 중고품도 중고품 나름이다. 주위의 신품이 아주 하찮아 보일 정도로 뛰어난 가치를 지닌 중고품이라면 누구나 탐을 낼 것이기 때문이다.

이렇게 자신을 누구나 탐을 낼 만한 사람으로 만드는 방법은 여러 가지가 있겠지만 그 중 한 가지 생각해 볼 수 있는 것으로 7 : 3 법칙이 있다.

자신 있게 살아가는 사람들이 공통적으로 가지고 있는 특징은 그들이 회사 일에만 백 퍼센트 매달리지 않는다는 것이다. 첫째도 회사, 둘째도 회사라는 식으로 시간을 쓰지 않는다는 것이다.

회사 일에만 매달리지 않는다면 회사 일은 적당히 하고 자기만 생각하는 태도라 오해할 사람도 있을 것이다. 그런데 그것은 그런 뜻이 아니다. 회사 일을 태만하게 하기는커녕 다른 사람보다 더 열심히 하면서도 동시에 자신에게서 회사라는 걸 빼면 아무것도 남지 않는 인간이 되지는 않는다는 것이다. 오로지 회사에만 매달려 일하다 실직한 사람의 경우 남은 게 아무것도 없기도 하고 더 나아가 회사에 있을 때에도 정열적이면서도 창의적으로 일하지 않은 경우가 많다. 이는 결국 회사에 충실하느냐, 자신에 충실하느냐의 문제가 아니라 얼마나 자신의 삶을 충실하게 살아가느냐 하는 근본적인 문제이다.

회사 일에 7이나 6, 나머지에 3이나 4 정도를 투자하라. 3이나 4의 시간에 자신의 상품 가치를 높이도록 하라. 적어도 35세까지는 단선 인생이 아닌 복선 인생의 설계도를 정교하게 작성해 두는 것이 좋다. 이런 설계를 가지고 살아가면 언젠가 닥칠지도 모르는 '만일의 경우'가 그리 두렵지만은 않을 것이다.

프로도 혀를 차게 만들어라

- 자격보다 능력이다.
- 능력은 하루 아침에 생기지 않는다.
- 스피드는 생명이다.

자격증 시대의 허와 실

자격증이 없으면 아무 일도 할 수 없는가? 일자리가 귀해지고 사람이 남아돌다 보면 자연스럽게 자격증 가진 사람에 대한 선호도가 높아지는 건 사실이지만 '자격=능력'은 아니라는 것을 일을 해본 사람이라면 누구나 알고 있다. 문제는 자격증으로써 증명할 수 없는 능력을 얼마나 활용하느냐에 달려 있지만 이건 '거창한' 문제에 속하니까 잠시 접어 두자. 그런 거창한 문제에 매달려 왈가왈부할 만큼 한가한 사람은 없을 것이기 때문이다.

어떤 조직이든지 일반적인 스태프(staff)가 없으면 돌아가지 않는다. 사회 보장 담당자도 필요하고, 인사나 서무 담당도 필요하며, 비서가 필요한 회사도 있다. 자격증이 있는 것은 아니지만 요령 있게 일을 처리하며, 특히 조직에 반드시 필요한 사람도 있다. 요는 회사 일이라는 것이 자격증 소지자만 모아 놓으면 전부 해결되는 게 아니라는 말이다. 자격과는 별도로 또 다른 능력이 요구되는 부분이 있기 때문이다.

자격과 전문 능력은 거의 같은 말로 쓰인다. 그러나 곰곰이 따져 보면 이 둘은 별개의 것이다. 자격증은 있어도 전문 능력이 없는 사람도 많다. 건축사라는 자격을 가지고 있어도 호텔의 문 손잡이와 일반 가정의 문 손잡이의 차이를 모르는 사람도 꽤 많다. 이 차이에 대해 질문받았을 때 "호텔의 경우 대부분은 둥근 손잡이입니다. 코트나 상의 주머니가 손잡이에 걸려 찢어지지 않게 하기 위해서입니다"라고 대답할 수 있는 사람은 자격도 있고 전문적인 능력도 갖춘 사람이라 평가할 수 있다. 질문한 사람을 멍하니 쳐다보면서 "건축사가 반드시 그런 것까지 알아야 하는 건 아니다"라고 대답하는 사람은 자격은 있지만 전문 능력은 없는 타입이다. 이런 사람은 자격과 전문 능력 둘 다를 요구할 때에는 결코 재취업에 성공할 수 없다. 자격만 가지고는 안 되고 전문 능력까지 요구하는 현 시점에서는 별로 쓸모없는 인력이라

하지 않을 수 없다.

편집 디자이너를 채용하는 곳에 면접을 보러 갔다 하자. 예전 같으면 편집 과정 전체를 나누어서 했을 테지만 요즘은 그렇지 않은 경우가 많다. 그러면 거기서 요구하는 능력은 시각디자인을 전공했고, 매킨토시 편집을 잘 하는 것 이상일 가능성이 아주 높다. 출력소에서 부딪치게 될 여러 가지 난점들에 대처하는 방안을 물을 수도 있고, 화면상으로 보이는 것과 실제로 출력했을 때 나타나는 것과의 차이점을 줄이는 방법을 물을 수도 있다. 이러한 것들은 편집과 출력의 전 과정을 꿰뚫고 있지 않으면 대답하기 어려운 능력에 해당하는 것이다. 만약 한 권의 책을 편집부터 인쇄까지 완전히 혼자 힘으로 처리할 수 없다면 그 사람은 능력이 없다고 봐도 된다. 자신이 가진 자격을 알아 주지 않는다고 한탄하기 전에 자신이 얼마나 그 자격에 안주하고 있는지부터 파악해 보아야 한다.

직장인의 생존 병기, 전문성과 스피드

전문 능력이란, 프로도 혀를 내두를 정도의 지식이나 능력을 갖는 것을 말한다. 자격은 남들도 그만큼 할 수 있는 공통적인 것에 불과하다. 전문 능력만이 나의 것이다.

영업의 경우를 생각해 보자. 제품을 하나라도 더 팔아야 하는 불황기에는 영업인의 능력에 따라 큰 차이가 난다. 프로 영업인은 회사가 어려울 때일수록 그 진가를 발휘한다. 미국의 한 조사에 따르면 통상 10%의 영업 사원들이 회사 전체 매출의 80%를 책임진다고 한다. 이들 프로 영업인들이야말로 기업의 귀중한 자산이라고 할 수 있다.

그러므로 불황기일수록 기업은 프로 영업인을 원한다. 상대적으로 취업과 이직이 어려워지면서 우수한 인력을 확보하기 쉽고 이들을 프로 영업인으로 육성할 시간적 여유도 확보할 수 있기 때문이다. 실제로 1990년대 초반 대다수의 보험 회사들이 불황으로 고전을 면치 못하고 있을 때 프로그레시브 보험 회사는 이 시기를 우수한 영업 인력 확보의 기회로 삼기도 했다. 프로그레시브 보험 회사는 위기를 경쟁력을 갖추는 기회로 적극 활용하여 새로운 영업 환경에 맞는 고객 관리와 커뮤니케이션 스킬을 영업인들이 습득하도록 지속적으로 훈련시켜 1991년 미국에서 최고의 영업력을 가진 보험 회사로 선정되었다.

프로 영업인의 필수 요소 가운데 빼놓을 수 없는 것이 '스피드'이다. 빠른 일처리와 만반의 대비는 험난한 경쟁 시대를 살아가는 모든 직장인들이 반드시 갖추어야 할 요소이기도 하다.

굼벵이는 무용지물이다. 스피드 감각이야말로 능력을 보여 줄 수 있는 지름길이요, 자신의 능력을 최고도로 발전시킬 수 있는 원동력이다. 당신은 토끼와 거북이 이야기를 알고 있을 것이다.

차근차근 목표 지점을 향해 올라간 거북이가 결국 경주에서 이겼다. 그러나 토끼는 상대방의 능력을 깔본 나머지 스피드 개념을 망각한 채 낮잠을 잤기 때문에 경기에서 패했다. 만약 토끼가 낮잠을 자지 않았다면 경주에서 이겼을 것이다. 그렇다. 낮잠만 자지 않으면 된다. 제아무리 차근차근 해나가는 거북이라도 낮잠을 자지 않고 뛰어가는 토끼를 이길 재간은 없다.

'그렇게 빨리 일에 대처하다니 놀랍다'는 말을 듣는 수가 있다. 그런데 한 가지 생각해 보아야 할 것은 그렇게 감탄하는 사람은 도대체 일을 얼마나 느리게 하는 걸까 하는 것이다. 당연한 것 아닌가. 아무리 빨리 해도 일이 잘 될까 말까 하는 판국에 느릿느릿하고 있으면 어떻게 하겠다는 건가. 빠르기에 놀라는 사람들을 보면 오히려 놀라게 된다.

예를 들어 전날 누구에게선가 팩스를 받았다고 하자. 어차피 회신을 해야 할 일이므로 재빨리 처리해서 회신을 한다. 이 정도는 특별히 빠르다고 할 만한 것이 아니다. 그런데 이런 일에 '감탄'을 하는 사람이 있다. 그런 사람들은 대개 다음과 같은 공통점을 가지고 있다.

첫째, 불투명한 조직에서 일한 사람이다. 그 조직의 구성원 대부분은 속도에 대한 자각 없이 일을 처리하게 된다.

둘째, 사람들은 대개 굼벵이 습관을 몸에 갖고 있다. 타고난 성격이 급한 사람이 일을 빨리 처리하는 건 아니다. 일을 제대로 하면서도 빨리 하는 것은 훈련에 의해서만 가능한 일이다.

셋째, 굼뜬 데다 무디어도 버틸 수 있었던 것은 굼떠도 조직 생활에 문제가 없었기 때문이다. 달리 말하면 능력 개발에 대한 자극이 전혀 없는 조직에서 생활했던 것이다.

굼벵이 습관으로는 재취업하는 것이 영원히 불가능하다. '남보다 빨리'는 더없이 중요한 모토이다. 물론 빨리 하면서도 깔끔하게 일을 처리해야 하는 건 기본이다. 스피드에 익숙한 사람은 미래에 닥칠 일에 대한 준비도 재빨리 할 수 있다. 이들은 재취업에 대비해서 세심하게 재취업 자금을 준비해 두기도 한다.

항상 재취업에 대비하라

현재 직장에 다니는 사람도 재취업 준비금을 마련해 둘 필요가 있다. 자격증을 따는 것도 중요하지만 더욱 중요한 것이 바로 이것이다. 재취업이나 전직을 할 때 빨리 일을 시작하지 않으면 곤란할 정도로 경제적 여유가 없다면 이때 하게 되는 구직 활동이란 결국 생계형에 그치게 된다. 당장의 수입 확보에 급급한 나머지 적당한 타협의 산물에 그칠 취직을 하게 되는 것이다.

이렇게 되면 단지 돈을 버는 게 목적인 취직 → 퇴직 → 취직 → 퇴직…이런 식으로 이력서를 화려하게 만드는 재취직과 전직을 되풀이하게 된다. 그러다가 결국에는 아무것도 얻지 못한 채

당장의 생계만을 땜질하다가 그 과정을 끝내게 된다. 당연히 남는 것은 아무것도 없다. 어쩌다 회사에 들어가기 위해 이력서를 낸다 해도 채용 담당자가 "당신은 상당히 짧은 기간 동안에 전직을 되풀이했군요. 이유가 무엇입니까"라고 묻게 될 것이다. 드러내 놓고 말하지는 않지만 당신에게 성격상의 결함이 있다고 생각할지도 모른다.

이런 악순환에서 벗어나는 길은 차분하게 자신의 목표를 정하고 차근차근 일을 시작하는 것뿐이다. 재취업이건 창업이건 성급하게 덤벼들면 몸만 망치게 될 확률이 크다. 그러므로 재취업에 성공하기까지 차분하게 지낼 수 있게 해주는 재취업 준비금이 절실하게 필요한 것이다. 적어도 일 년 동안은 수입 없이 지낼 수 있을 정도의 재취업 준비금을 마련해 두어야 한다. 그렇게 하지 않으면 위에서 말했듯이 '이 회사에 들어갈 마음은 생기지 않지만…할 수 없지', '이런 일은 도무지 내키지 않는데, 그래도 어쩔 것인가, 먹고 살아야 하니…' 하면서 원치 않는 취직을 하게 된다.

그런데 일정한 경제적 여유를 갖고 재취업 활동을 하게 되면 취직에 대한 사고 방식까지 진취적으로 변하므로 오히려 더 나은 상황에서 사태를 볼 수 있게 된다.

재취업 준비금 마련을 위한 몇 가지 구체적인 방안을 생각해 보자.

• 언젠가 쓰려고 모아 둔 돈을 점검하라.

• 지출 항목을 조사해서 지금까지는 당연하다고 여겼던 항목
  들을 없애라.

• 아무 짓도 안 하고 지낼 만한 기간이 최소한 얼마나 필요한
  지 계산하라.

세계의 변화 흐름을 읽어라

- 일을 열심히 하되 바깥 세상 살피는 일도 열심히 하라.
- 자신의 직업이 조만간 사라질 직업은 아닌지 체크하라.
- 새로운 게임의 룰을 익혀라.

퇴출 1호는 불감증 환자

지금은 수세식 화장실이 보편화되어 있고, 설혹 그런 일이 있다 해도 분뇨차가 와서 기계로 해결하기 때문에 찾아보기가 어렵지만, 예전에는 사람이 일일이 손으로 화장실의 오물을 퍼내는 일이 자주 있었다. 그 일을 하는 사람은 처음에는 화장실 냄새를 견디기 어려워했겠지만 일을 하면서 차츰차츰 그 냄새에 익숙해졌을 것이다.

사람은 동물 중에서 환경에 가장 잘 적응한다고 한다. 그만큼 사람의 능력이 뛰어나다는 증거일 수도 있겠으나 이는 달리 말하면 어떤 일에 몰두하고 있을 때는 주위에서 일어나고 있는 변화를 쉽게 알아차리기 어렵다는 뜻일 수도 있다.

정든 환경, 익숙한 환경…그런 것에 매몰되어 살다 보면 세상이 어떻게 변화했는지를 깜박 할 때가 있다. 변화는 사소한 형태로 조금씩 조금씩 일어나지만 그 변화가 쌓이면 어느 새 감당하기 힘들 만큼 크게 변해 있게 마련이다. 감당하기 힘들다는 건 대응하기 어렵다는 것을 말한다.

한 직장에 오래 다니다 보면 대부분의 사람들은 자신이 하고 있는 일 외에는 아무것도 모르게 된다. 일에 몰두하는 것은 좋은 일이다. 그러나 일에 파묻혀서 세상이 어떻게 돌아가는지조차 모를 지경이 되는 것은 자신을 파괴하는 행위이다.

이런 불감증은 실직, 또는 퇴직 후에 새로운 일을 개척하는 데 큰 장애가 됨에 틀림없다. 또 변화가 극심한 요즘 같은 시대에는 '불감증' 환자야말로 '퇴출 제1호'가 되기 십상이다. 그렇다면 반드시 알아 두어야 하고 눈여겨보아야 할 변화는 무엇인가?

1. 경제적인 큰 조류가 어떻게 변화하고 있는가?
2. 자신이 하고 있는 일이 경제 구조상 현재 어떤 위치에 있는가? 혹시 사라질 직업이 될 가능성은 없는가?

직장인도 진짜 프로만이 살아남는다

3. 앞으로 하고자 하는 일은 어떻게 변할 것인가?

어떤 일을 하고자 하는데 과거에 막연히 알고 있던 것과는 달리 놀라울 정도로 상황이 변해 있어서 엄두가 나지 않는 사람, 이런 사람은 상황을 탓하기에 앞서 자신의 불감증을 점검해 볼 일이다. 이런 사람에게 손을 내밀어 자상하게 차근차근 세상을 알려 줄 사람은 그리 많지 않다. 세상은 냉정한 것이다. 불감증 환자는 언젠가는 밝히게 마련이다.

개미와 베짱이의 차이

이렇게 밝힌 사례로 일본을 들 수 있다. 최근 벌어지고 있는 일본의 금융 쇠락에 대해서는 여러 가지 설명이 있지만 '개미와 베짱이론'이 그 대표적인 것이다. 여기서 개미는 일본이고 베짱이는 미국이다. 이솝 우화에 따르면 개미는 선이고 베짱이는 악이다. 그런데 여기서는 그 반대다. 어찌해서 그런지 한번 알아보자.

개미인 일본은 지난 50년 동안 열심히 일해서 제조업에 관한 한 세계 1등이 되었고, 세계 최대의 채권국이 되었다. 재정과 무역 적자 때문에 고생하는 미국을 위해 좋은 일도 많이 했다. 그런데 어느 날 베짱이인 미국은 새로운 게임의 룰을 들고 와서 애써 축적한 국부를 빼내 가기 시작했다. 시장 원리니, 투명성이니 하는 말들이 베짱이가 사용한 것들이었다. 그리고 그러한 말들을 지탱해 주는 것은 국제통화기금, 신용등급회사, 국제결제은행인데 이것들은 모두 베짱이가 고안한 것이었고, 따라서 당연히 베짱이의 이익을 위해 움직였다.

개미인 일본의 생각으로 부란 물건을 최종적으로 만들어 파는 데서 생겨난다. 금융은 물건의 거래와 이동에 수반되는 종속적인 것에 지나지 않는다. 실물 경제를 중심으로 한 일본의 관점에 비해 베짱이인 미국은 금융 전쟁을 중심으로 했고 결국 그것이 일본의 실물 경제를 모두 무너뜨려 놓았다. 금융 불안은 실물 경제에 연쇄 타격을 가하면서 일본 경제 전반을 위기로 몰아넣었다. 세계 최대의 채권국인 일본 금융 기관의 신용 등급이 멕시코와 브라질의 그것과 동급이 되었다.

그러나 이미 때는 늦은 것이다. 개미인 일본은 세계의 흐름에 둔감했던 것이다. 21세기는 금융이 실물 경제의 우위에 있게 되는 시대라는 점을 몰랐던 것이다. 그런데 문제는 한 나라의 부를 파탄시켜 가면서 배우기에는 이 교훈이 너무 쓰다는 것이다.

세상이 어떻게 변화하고 있는지 모르고 있기는 우리 나라도 마찬가지이다. 고스톱밖에 칠 줄 모르는 사람이 포커를 치지 않으면 안 될 상황에 처한 것이 지금이다. 게다가 판돈마저도 넉넉치 않다. 돈을 잃어버리는 것 외에는 도리가 없다. 포커를 안 치자니 판돈 빌려 준 사람이 문 앞에서 지키고 있다. 이제라도 포커 규칙을 배워서 치기에는 너무 늦었지만 그래도 어쩔 수 없다. 미리 배웠으면 좋았을 텐데…….

이것은 남의 나라 이야기가 아니다. 우리가 직접 겪고 있는 일이며, 그런 까닭에 이 땅에 살고 있는 사람들 모두가 겪고 있는 일이다. 하루라도 빨리 세상의 흐름을 읽어라. 우물쭈물하는 사이에 세상은 달라지고 있고, 당신은 개미와 베짱이의 이야기를 들으면서 위안을 삼아야 할지도 모른다.

깨어나라, 삼십대

하지만 언제든 불감증에서 벗어나기만 하면 된다는 것은 아니다. 직장 생활로 치자면 10년쯤, 나이로 치자면 35세 이전에 불감증에서 벗어나야 한다.

가장 어중간한 나이가 삼십대 중반이다. 속된 말로 '낀 세대'인 그들은 오갈 데가 없다. 그런 판국에 기술마저도 없다면 재취업은 영원히 불가능할 것이다. 도대체 왜 그런 걸까? 단지 나이 때문일까? 다른 이유는 없을까?

다른 이유가 있다면 아마 '전문성이 없을 뿐만 아니라 한 직장에서의 경험이 너무 많이 배어 있다'는 점이 아닐까 싶다. 35세 이상인 사람은 직장 생활을 10년 가까이 한 사람이기 때문에 많은 경험을 쌓아 두고 있다. 그러나 그 경험이 오히려 걸림돌이 될 가능성이 높다. 경험, 특히 몸으로 부딪치면서 익힌 체험은 그 강도가 너무 높아서 버리기가 어렵다. 게다가 특별한 기술도 없는 삼십대는 고집과 낡은 관행만 잔뜩 가지고 있기 쉽다. 이 역시 일종의 불감증이다. 특별한 기술이 없다면 유연한 발상만이라도 가져야 한다. 이것마저도 없다면 이중 삼중으로 마이너스 요인을 안고 있는 것이 된다.

특정한 분야 또는 한 회사에서 10년 가까이 일했다면 조직 생활 속에서 자연스럽게 몸에 익힌 관행이 무엇인지조차 분별할 능력이 없어지기 쉽다. 그러한 관행들이 그저 삶의 일부처럼 되어 버렸기 때문이다. 그걸 고치는 것은 웬만큼 노력해서는 안 되는 일이다.

21세기에는 부단한 자기 개발을 통해 자신이 조직 내에서 단순히 필요한 인력이 아니라 없어서는 안 될 중요한 핵심 인재임을 보여 주어야만 살아남을 수 있다. 핵심 인재가 아닌 단순 필요 인력이란 양적인 동원의 개념으로서 언제든지 조달할 수 있는 인력을 의미한다. 바꿔 말한다면 이러한 인력들은 상황이 어려워지거나 회사가 높은 도전을 추구하기 시작하면 언제든지 필요 없게 되는 상황에 처할 수도 있다는 말이다.

기술이 없는 35세 이상의 샐러리맨들이 이 부류에 속하게 될 가능성은 아주 높다. 특히 요즘처럼 고부가 가치가 아닌 부분에 대해 활발하게 아웃소싱이 이루어지는 상황에서는 더욱 그렇다. 시대 상황이 이러하므로 단순 필요 인력이 아닌, 중요 인재가 되도록 힘써야 할 것이다.

삼십대 중반을 넘기면 유리한 재취업 기회는 현저히 줄어들게 된다. 한 회사에서 필요치 않은 사람이 다른 회사에서 필요한 인재가 될 것이라고 판단하기는 어렵다. 직종이 전혀 다르다면 모를까 같은 직종이라면 불가능하다고 보는 게 낫다. 이런 샐러리맨들은 차라리 자영업에 눈을 돌리는 편이 낫다. 어느 다른 회사에서 근무한다는 것만이 재취업은 아닌 것이다. 물론 이렇게 하려면 '죽을 때까지 현역으로 일할 수 있는 특기'가 있어야 한다.

사실 사십 세까지 안이하게 보냈던 사람이 사십 세를 넘기면서부터 갑자기 일할 마음을 갖는다는 것은 특별한 예외를 제외하고는 좀처럼 있을 수 없는 일이다. 당신이 재취업을 위한 면접에 임했을 때 다음과 같은 질문을 받았다고 해보자.

"과거에 일한 것 중에서 자신의 실적이라고 자신 있게 말할 수 있는 것은 무엇입니까?"

어떻게 대답할 것인가? 두 가지 정도의 유형이 있을 수 있겠다. 첫번째 유형은 "세 가지가 있습니다. 첫째는…둘째는…셋째는…"이라고 하면서 겸손하면서도 자신 있게 말할 수 있는 사람이다. 이러한 사람은 하루를 낭비하지 않고 끊임없이 자신의 한계에 도전하면서 그것을 점검하는 삶을 살았다고 할 수 있다.

또 다른 유형으로는 "그저 성실 하나를 모토로 열심히 일해 왔습니다"와 같은 '정신일도 하사불성'파도 있을 것이다.

당신이 면접관이라면 누구를 선택하겠는가? 정신력 하나로 버텼다는 건 아무것도 할 줄 모른다는 증거일 수 있다.

직장인도 진짜 프로만이 살아남는다

평생 직장보다 평생 직업을 가져라

키워드

- 불황일수록 초조함은 금물이다.
- 경영자는 오케스트라의 지휘자다.
- 자기 분야에서 일인자가 돼야 한다.

평생 직장이 없어졌다. 실업자가 양산되고 실직의 공포가 수시로 찾아온다. 자영업을 하는 경우에도 끝이 보이지 않는 불황에 초조하기는 마찬가지다. 이럴수록 돌파구를 찾아 내는 강한 프로가 되어야 한다. 방법은 없을까?

세일즈맨의 경우

불황일수록 어려운 세일즈. 세일즈맨에게 있어서 가장 중요한

제1장 내 몸값은 내가 책임진다

것은 성급함을 버리는 것이다. 판매 실적이 저조하면 초조해지고 잠재 고객을 만났을 때 제품에 대해 열심히 설명하려고 한다. 고객이 부정적인 반응을 보이면 설득하려고 끝까지 물고 늘어지는 경우가 많은데 이때는 좋은 인상을 남긴 채 한 발 물러서야 한다.

자신의 선심과 친절이 판매로 이어질 거라는 착각은 버려야 한다. 팔려고 하는 제품의 특성을 잘 파악해야 하는 것은 기본이다. 고객의 취향과 필요를 파악해 자신이 갖고 있는 상품을 제공하는 것이 세일즈맨의 역할이다.

세일즈맨은 고객을 대할 때 고객의 목소리와 기분에 맞게 카멜레온이 돼야 한다. 고객의 현재 기분에 동조해 주는 것은 물론이고 고객 목소리의 높낮이와 크기, 속도 등에서 고객의 흉내를 내도록 한다.

고객과의 일체감을 느끼기 위해서다. 고객과 자신의 닮은 점을 찾아 내 공통점을 강조하는 것도 중요하다. 화기애애하고 긍정적인 분위기를 만들 수 있기 때문이다. 단 스스로를 낮출 필요는 없다. 고객은 자신이 필요해서이지 절대 세일즈맨을 위해 제품을 구입하는 것은 아니다.

계산된 아첨 대신 당당함이 필요하다. 거절을 당하더라도 말이다. 불황기엔 '거절'이 자주 나타나는데 판매 사이클의 한 과정이라고 편하게 생각하면 된다.

세일즈 화법 전문가 송원재 씨는 세일즈맨이 실패하고 성공하는 원인이 사소한 화법의 차이에 있다고 지적한다. 그는 세일즈맨이라면 다음과 같은 표현에 우선 익숙해져야 한다고 말한다.

"○○은 없는 것입니다" 대신 "○○ 대신에 ◇◇을 권해 드립니다", "할인은 안 합니다" 대신 "죄송합니다만 가격에 대한 것은 이해해 주세요"라고 표현하자.

"이 카탈로그를 보십시오" 대신 "이 카탈로그를 보시도록 도와 드릴까요?"라고 표현하도록 하자.

사소한 말 한 마디가 엄청난 차이를 낳는다는 것을 명심하자.

경영자 및 자영업자의 경우

기업이나 사업장의 발전 여부는 그것을 경영하는 사람의 식견과 기량에 의해 좌우된다. 때문에 불황 탈출을 위한 경영자의 자세가 기본적으로 갖춰져 있어야 한다. 일본 생산성본부 컨설턴트인 나가시마 소우이치로는 다음과 같은 경영자의 자세를 당부하고 있다.

- 청렴결백한 사장이 가장 강하다.
- 사소한 일까지 간섭하는 사장은 적자를 극복할 수 없다.
- 목적 불명의 설비 투자와 맘껏 쓰는 교제비는 엄격히 체크

제1장 내 몸값은 내가 책임진다

해야 한다.

- 위기에 신속하게 대응해야 한다.

- 위기일수록 반석 위에 선 신념을 과시해야 한다. 힘든 때일수록 사장이 초췌하게 다니면 사원의 비웃음만 살 뿐이다. 용단을 내린 얼굴과 모습으로 강한 인상을 사원에게 보여 줄 필요가 있다.

- 강인한 견인력과 전 사원을 통합하는 리더십을 발휘해야 한다. 사장이라는 자리는 항상 학자의 두뇌, 예술가의 마음, 기술자의 손, 노동자의 강건한 다리를 필요로 한다.

이상의 조건을 갖췄으면 불황에서 탈출할 구체적 전략을 짜야 한다. 나가시마 소우이치로는 자신의 저서 『적자 경영에서 탈출하기 위한 전략적 방법』에서 구체적인 5단계의 실천 절차를 제시하고 있다.

- 1단계 : 적자 극복의 구체적인 프로그램을 설계한다. 물론 사원에게 알리기 전에 짜 두어야 한다. 단지 위험하다, 언제 도산할지 모른다는 식의 대응은 공포심만을 주기 때문에 의욕을 오히려 없앤다.

- 2단계 : 불황 탈출 후의 미래를 그림으로 그려 본다. 사원의 마음 속에 미래에 대한 아름다운 꿈을 심어 주는 것이 중요

직장인도 진짜 프로만이 살아남는다

하다.

- 3단계 : 경영 개선을 위한 구체적 행동을 한다. 즉 광범위하게 모든 임직원의 재능을 활용하고 동시에 개선 계획에 그들을 참가시킨다.
- 4단계 : 기업의 목표와 개인의 목표를 연결시킨다. 목표 달성을 통해 개인의 욕구를 만족시켜야 하므로 목표 달성시 확실한 포상이 있음을 인식시키도록 한다.
- 5단계 : 적자 경영 개선의 마지막 부분에서는 남들이 무엇이라 말하고 어떤 비판을 하더라도 한 번 결정한 것은 마지막까지 해내야 한다. 전력을 순차적으로 투입하는 것이 아니라 모든 힘을 다해 계획한 프로그램에 시동을 걸어야 한다. 그러면 힘이 가속적으로 붙어 개선 계획은 눈에 띄게 진척된다.

중간 관리자 및 간부의 경우

경영 컨설턴트 김승용 씨는 최근 자신의 저서 『강한 간부로 살아남는 101가지 성공 노트』에서 간부나 중간 관리자에게는 사람과의 관계가 가장 중요하다고 말한다.

특히 부하의 마음을 사로잡지 못하면 일을 완벽하게 할 수 없다. 간부의 역할은 업무를 계획하고 실행하고 검토하는 것이다. 김승용 씨는 간부가 기본적으로 갖추어야 할 자질은 다음과 같다고 말한다.

첫째, 최소한 신문에 나오는 한자 해독에는 막힘이 없어야 하고 영어로 일상적인 대화를 나눌 수준은 돼야 한다. 또 손익계산서·대차대조표를 이해, 작성할 수 있어야 하고 자리에 맞는 복장과 품위를 유지할 수 있어야 한다. 아울러 자기 분야에 관해서는 여러 사람 앞에서 1시간 정도 이야기할 수 있어야 한다.

둘째, 부하의 마음을 사로잡기 위해서는 꾸짖고 칭찬하는 방법을 잘 알아야 한다. 관대하게 꾸짖는 방법은 좋지 않다. 일의 평가를 확실하고 엄하게 하기 위해 따끔하게 꾸짖는 관리가 필요하다. 짧은 시간 내에 사례를 들며 구체적으로 질책한다. 칭찬은 모든 사람 앞에서 확실한 이유를 들어 가며 한다. 대체로 간부는 5가지를 가르치고 3가지를 칭찬하며 2가지를 꾸짖는다는 공식이 적절하다.

셋째, 부하를 관리하는 능력과 리더십 외에도 간부에게 중요한 것은 자기 관리이다. 김승용 씨는 항상 활력을 유지할 수 있는 '자기 훈련법'으로 다음과 같은 사항을 권한다.

- 현실 목표를 여러 장소에 붙여 둔다.
- 회의시 자리가 정해져 있지 않을 때는 가능한 한 앞쪽에 앉는다.
- 무기력한 사람과는 교제하지 않는다.

넷째, 간부나 중간 관리자에겐 회의 주재도 중요한 임무다. 스피치 컨설턴트 이정숙 씨는 꼭 필요한 경우가 아닌 회의나 관례상 하는 회의는 없애라고 주장한다. 회의는 중간 과정을 거치면 전달 사항이 왜곡될 염려가 있는 내용을 논의할 때 하는 것이 효과적이다. 회의를 주재하는 부서장은 충분한 준비를 통해 회의 자료를 만든다. 어떤 의제를 다룰 것인가를 먼저 정해 이끌어야 한다. 회의에서 나온 말을 다시 반복하고 발언자의 동의를 얻어 정리하는 것이 효율적이다.

제1장 내 몸값은 내가 책임진다

나는 재취업이 즐겁다

프라이드는 높고 재취업은 멀다

키워드

• 세상의 큰 흐름이 변했다는 것을 깨달아라.

• 세상의 변화와 함께 직업의 사회적 위치도 달라졌다.

• 프라이드는 마음 속에 있는 허상일 뿐이다.

프라이드를 버려라

미국의 경제학자 폴 크루그만은 「뉴욕 타임스」지 1996년 9월 29일자에 'White Collars Turn Blue'라는 글을 기고한 적이 있다. 이 글은 경제적인 큰 흐름에 관한 것이기는 하지만 한 가지 중요한 시사점을 던져준다. 그것은 바로 실직자가 재취업하는 데 있어서는 눈높이를 낮추지 않으면 실패하기 쉽다는 것으로서, 다시 말해 현재 자신이 처한 위치가 화이트 칼라라면 그는 조만간 블루 칼라로 내려갈 것을 각오해야 함을 보여 주는 것이다. 이러한 흐름은 후기 산업 사회로 들어서면서 대세로 자리잡고 있기 때문에 한 개인이 거스를 수 없는 추세이기도 하다.

당신이 화이트 칼라이고 근무 햇수가 10년이 지났으며 재취업을 해야 할 상황이라고 하자. 당신이 자신의 '몸값'을 올리기 위해 별다른 노력을 해오지 않았다면 당신은 블루 칼라로 재취업해야 할 가능성이 아주 높다. 따라서 당신이 아직도 여전히 화이트 칼라로서의 자부심을 가지고 있다면 이제는 그것을 버려야만 한다. 그러한 자부심을 버리지 못한 상태에서 실업자가 되면 실업자로서의 현실을 극복할 가능성은 거의 없다고 보아도 무방하다.

이렇게 화이트 칼라로서의 자부심을 버리지 못한 채 재취업을 원하는 사람들이 하는 말을 예로 들어 보자.

"이 나이엔 사람 구하는 곳도 없어요. ○○사에 있었다는 프라이드라도 지켜진다면 무슨 일이든 하겠습니다."

얼핏 듣기에는 맞는 말이다. 이 사람 말대로 30대 중반 이후의 나이에 들어선 사람을 구하는 일은 거의 없다. 이제 막 대학을 나온 젊은이들도 차고 넘치는데 뭣하러 나이든 사람을 구하겠는가. 그러나 조금만 더 생각해 보면 나이와 경험이 없으면 안 되는 일이 있는 것도 사실이다. 젊은이의 패기만으론 안 되는 일이 세상엔 많다는 말이다. 그러니 '이 나이엔 사람 구하는 곳도 없어요'라고 말하는 사람은 벌써 상황 진단부터 틀려 버린 것이다.

나이는 그렇다 치고 '프라이드'에 대해서도 생각해 보자. 그 사람이 그런 말을 하는 이면에는 '그래도 내가 손에 물 안 묻히고 살아왔는데'라는 화이트 칼라적 자부심이 숨겨져 있는 것이다. 그 자부심을 뒷받침하는 것이 '○○사에 있었다는 프라이드라도 지켜진다면'이라는 말이다. 이 말은 그의 자부심을 지탱해 준 배경이 바로 자신이 다녔던 회사라는 말이다. 그런데 지금 그가 그 회사에 다니는 사람인가? 아니다. 그 회사에 '다녔던' 사람일 뿐이다. 그래서 어쩼다는 말인가. 재취업 면접을 보면서 이런 말을 하면 면접관이 대접을 해줄 것이라고 생각하는 건 대단한 착각이다. 따라서 그는 말로는 '무슨 일이든 하겠다'고 하지만, 이 말은 뒤집어 보면 프라이드에 걸맞는 일이 아니라면 절대 하지 않겠다는 것과 다를 바 없고, 결국에는 아무것도 할 수 없는 사람임을 스스로 증명하고 있을 뿐이다.

아주 얼빠진 이야기가 아닐 수 없다. 당장 재취업을 하겠다는 사람이 프라이드를 내세우고 있는 것은 아무 짓도 하지 않고 살아 보겠다는 것이기 때문이다.

만약 당신이 여전히 프라이드를 가지고 있는 사람이라면 그 프라이드는 없애 버리는 것이 앞날을 위해 좋다. 당신이 앞으로 살아가야 할 날은 프라이드로써 만들어지는 것이 아니라 실력으로써 만들어질 수밖에 없기 때문이다.

넥타이 대신 망치를

당신이 현재 가지고 있는 자산을 평가할 때 끼워 넣어서는 안 되는 것 중의 하나가 바로 이 프라이드이다. 그것은 눈에 보이지 않는 것이고, 그렇기 때문에 대수롭지 않게 여겨지지만 따져 보면 아무것도 만들어 내지 못하는 오만에 지나지 않는다. 변형된 오만을 가지고 있는 한 당신은 앞으로 아무것도 하지 못할 것이라고 자신 있게 단정할 수 있다.

이런 오만을 버려야 재취업 훈련을 받는 일이 수월해진다. 사실 벌써 많은 사람들이 그런 자존심을 버리고 눈높이를 낮추고 있다. 재취업 훈련을 받는 실직자 10명 중 4명은 고학력자인 것으로 나타났다. 이 같은 사실은 직업능력개발원이 최근 노동부의 의뢰를 받아 전국 21개 재취업 훈련 기관에서 교육 중인 훈련생 4천3백83명을 대상으로 실시한 실태 조사에서 밝혀졌다. 재취업 훈련을 받고 있는 실업자 중 43.5%가 전문대졸 이상이었고, 그 밖에는 고졸 52%, 중졸 이하 4.5%로 고졸 이상이 95.5%를 차지했다. 이들의 연령은 20대가 50.4%, 30대가 29.7%였다. 이는 바로 화이트 칼라 직종에 종사할 것이라 예상해 온 많은 수가 블루 칼라로 내려가고 있음을 보여 주는 수치이다. 그러니 '프라이드'를 지키고 있는 사람이 얼마나 현실을 모르고 있는지 알 수 있을 것이다.

그러면 어떻게 하면 오만을 버릴 수 있는지 생각해 보자.

당신이 화이트 칼라 실업자라면 넥타이와 와이셔츠를 눈에 보이지 않는 곳에 치워라. 와이셔츠에 넥타이를 매고 일하는 것은 우리 사회 거의 모든 사람의 소망이었다. 그러나 이렇게 일할 수 있는 사람의 수는 절대적으로 줄어들고 있다. 그러니 그것은 이제 필요 없는 것이다. 눈앞에 보이지 않아야 헛된 꿈도 없어진다.

화이트 칼라 노동자들은 다른 사람의 호주머니에 들어 있는 돈을 직접 먹는 것이 아니라 돌고 돌아 회사에서 통장에 입금해 주는 월급을 받고 살아온 사람들이다. 남의 주머니에 들어 있는 돈을 직접 먹는 일이 얼마나 어려운지는 겪어 보지 않고는 모를 것이다. 자신이 일한 것에 대한 직접적인 대가를 알기는 쉽지 않다. 그러니 돈 내는 사람에게 직접 호소하여 돈을 벌어야 하는 상황에서는 프라이드를 지키기가 쉽지 않은 것이다. 이제 남의 호주머니에 있는 돈을 직접 먹을 각오를 하라. 얼마나 어려운 일인지 실감할 마음의 준비를 해야 하는 것이다.

매스컴에서 여러 차례 소개된 바 있는 전 삼미그룹 부회장 서상록 씨의 경우는 프라이드를 버려서 재취업한 사례로 간주될 수 있다. 그가 재취업을 한 것은 한마디로 '하향 취업'이다. 대기업의 부회장이라는 직책을 가졌던 사람도 '식당 웨이터'가 되는 세상이다. 하물며 그보다 못한 직책에 있던 사람이 프라이드를 가질 까닭이 있겠는가. 그가 구직 인터뷰에서 했던 말은 이러하다.

"일을 시켜 보고 능력이 있다고 생각되면 월급을 달라."

프라이드를 버려라. 일을 해보고 능력만큼 월급을 받겠다고 결심하라.

샐러리맨 근성을 버리고 스트레스를 극복하라

- 뭐든 혼자서 해내겠다는 자세를 갖춰라.
- 자신을 꾸준히 개발하라.
- 스트레스는 가장 큰 장애물이다.

조직의 타성과 샐러리맨 근성

타율에 길들여진 사람들은 자율적으로 무슨 일을 해보라고 맡겨 두면 그 일을 잘 해내지 못한다. 무엇이든 명령받지 않으면 일을 할 수 없도록 길들여져 있기 때문에 '복지 부동', '무사 안일'로 하루하루를 보내게 된다. 그것을 '샐러리맨 근성'이라 해보자. 아니 어떤 이름이든 좋다. 평소에 자신을 주인처럼 생각하지 않고 일해 온 사람은 막상 주인이 된다 해도 주인답게 일하지 못한다.

다음 상황을 가정해 보자.

당신은 직장을 그만두고 조그만 체인점을 오픈했다. 준비는 다 되었고 손님이 많이 오기만 하면 된다. 때는 겨울이어서 가게 앞에 눈이 쌓였다. 어떻게 할 것인가. 과거에 다니던 회사에서처럼 그냥 누군가 치우겠지 할 것인가, 아니면 직접 나서서 치울 것인가.

이 일은 아주 간단해 보이지만 평소에 주인 의식이 훈련되어 있지 않은 사람이라면 선뜻 나서서 할 수 있는 일이 아니다. 책임자이면서 아직도 책임 의식을 가지고 있지 못하다면 상황은 최악이다.

샐러리맨은 회사라는 조직이 해결해 주는 눈에 보이지 않는 많은 것들을 알아차리지 못하고 있다. 이러한 상황에 길들여진 사람들이 재취업 전선에 나선다면 닥칠 어려움이 한두 가지가 아니다. 당신이 실직하고 파견 근로자로 일하게 되는 상황을 가정해 보자.

인력 파견업은 미국에서는 일찍부터 호황을 이루어 왔다. 매년 15% 이상의 고속 성장을 보인다고 한다. 재취업이 용이한 미국에서는 직접 고용 방식보다는 파견 인력을 선호해 왔는데, 효과적인 인력 운용으로 고용 비용을 절감하면서 경기 변동에 따라 인력을 유연하게 활용할 수 있다는 이점이 인력 파견업의 고속 성장을 뒷받침하고 있다. 따라서 1997년에는 파견 근로자 수가 300만 명에 육박하는 등 급성장을 하고 있는 것이다. 이것은 말로는 '인력 파견'이지만 사실은 임시직을 장기 고용하는 것일 뿐이다. 이런 임시직 장기 고용이 미국에서는 너무 많아서 그들을 지칭하는 '퍼머템(perma-temp)'이라는 용어까지 생겨날 정도이다.

직원이 1만 7천여 명인 MS의 경우 임시직이 5천여 명, 그 중 장기 고용자가 1천5백여 명에 이른다. 미 기업들이 퍼머템을 선호하는 이유는 해고가 손쉽고 인건비를 절감할 수 있는 임시직의 장점에다 업무의 연속성 및 전문성을 유지할 수 있기 때문이다. MS의 경우 전문 기술직 퍼머템의 급여 수준은 정규직보다 1만 4천 달러가 적은 연평균 8만 달러에 불과하다. 회사 전체로 따지면 임시직 1천 명당 2천4백만 달러의 절감 효과가 있는 것이다. 이런 형편이니 임시직을 쓰지 않을 까닭이 없다.

'황금 부품'이 되는 길

국내 인재 파견 시장은 10여 개 업체가 100억 원대 이상의 매출을 올리면서 업계를 주도하고 있다. 파견 근로자 또한 과거 주류를 이루었던 단순 노동 인력에서 이제는 고급 노동력에 이르기까지 다양하게 확산되고 있다. 특히 구제 금융 시대로 접어들어 경영 환경이 더욱 어려워지면서 기업들은 정규직은 핵심 부문에 배치하고 주변 업무에는 파견 근로자를 이용함으로써 고용 유연성을 확보하는 분위기가 확산되고 있다. 기업에서 파견 근로자를 이용하고 있는 이유는 무엇보다도 일시적인 결원 보충의 필요성과 노동력의 이동을 통한 고용 비용을 절감하기 위해서이다. 그러니 이제 예전처럼 샐러리맨 근성만 가지고 있다가는 기업에서 버텨 내기 어려워진다.

당신이 재취업을 위해서 인력 파견업체를 찾았다. 당신은 이제 더 이상 과거와 같이 회사에서 누리던 모든 복리 후생을 누릴 수가 없다. 파견 근로자라는 건 좋게 말해서 프리랜서이다. 그러나 이들에게는 정규 직원에게 주어지는 것이 아무것도 주어지지 않는다. 그저 내 몸이 전부이다. 아파서 일을 못 하게 되면 당연히 일당이 없어진다. 일한 만큼만 대가를 받는다. 수당도 없다. 그야말로 프리랜서의 비애를 뼈저리게 느끼게 되는 것이다.

여전히 샐러리맨 근성을 가지고 있는가? 회사에 있으면 안전할 것이라고 생각하고 있는가? 만약 그렇다면 당장 프리랜서가 될 각오를 하지 않으면 안 된다.

타율에 길들여진 샐러리맨 근성을 버리라 했다 해서 정반대로 무조건 튀고 보자는 생각을 해서는 안 된다. 사실 샐러리맨은 조직의 부품에 지나지 않는다. 만약 그렇지 않다고 생각하면 '나 없으면 회사는 안 된다'면서 시험삼아 그만둬 보라. 일단 만류는 하겠지만 울며불며 매달리는 사람은 아무도 없을 것이다. 그렇게 해서 회사나 조직이 곤란해지는 경우는 없기 때문이다. 이것이야 말로 조직의 특성이다. 그러나 그렇다고 해서 아무나, 그야말로 어느 누구라도 대신할 수 있는 샐러리맨이어서는 곤란하다. 그런 사람은 애초에 입사하기도 불가능하겠지만 부품은 부품이되 황금 부품이 되어야 하는 것이다.

그럼 황금의 부품이 되려면 어떻게 해야 하는가? 경리부에 소속되어 있다면 세무사 자격 취득 공부를 하는 것도 좋은 방법이다. 무역 관계 회사에 있다면 관세사 자격 공부를 하는 것도 좋다. 자격을 취득하면 버려도 전혀 아깝지 않은 부품이 되지는 않을 것이다. 간단히 말해서 '자기 개발' 외에는 방법이 없다. 평소에 이렇게 자신을 개발한 사람만이 어떤 악조건도 이겨 나갈 수 있다.

스트레스를 이겨야 재취업이 보인다

재취업의 길은 멀고도 험하다. 이 험한 길을 걷노라면 견디기 힘든 스트레스가 밀려들게 마련이다. 그러나 이 스트레스를 극복하지 않고서는 결코 목적을 달성할 수 없다. 그런 의미에서 스트레스는 당신 앞에 놓인 최대의 장애물인 것이다.

앞날을 예견하고 자신이 하고자 하는 일에 대한 분명한 확신이 섰다면 먼저 구체적인 계획을 짜라. 그리고 그 계획을 실행하면서 날마다 닥쳐 오는 스트레스를 이겨 내도록 하라. 천릿길도 한 걸음부터다.

실업에 의해 생겨나는 스트레스는 어느 정도일까? 미국 해군에서 수행한 연구 중에 스트레스 정도를 나타낸 것이 있다. 그 스트레스가 강한 순서대로 일부를 한번 보자.

스트레스 지수(100을 기준으로 할 때)

- 배우자의 사망 : 100

- 이혼 : 73

- 부부 별거 : 65

- 교도소 등에 수용 : 63

- 근친 사망 : 63

- 본인의 큰 병이나 상처 : 53

- 결혼 : 50

- 실업 : 47

- 퇴직, 은퇴 : 45

- 1만 달러 이상의 빚 : 31

- 직장 상사와의 잦은 트러블 : 23

- 식사 습관의 변화 : 15

이 표를 통해 알 수 있듯이 '실업'은 꽤 강한 스트레스가 된다. 그런데 이 표는 미국의 경우에 해당되는 것이다. 우리와는 달리 노동 시장의 유연성이 크고 사회 복지 제도가 비교할 수 없을 정도로 잘 되어 있는 미국에서는 스트레스의 강도가 훨씬 약할 것이라는 말이다. 한국의 경우 가장에게 의존해서 사는 경우가 압도적이며, 직장을 잃게 되면 자녀 교육을 할 수 없음은 물론 가정 파탄에까지 이르는 수가 많다. 한국에서 실업은 죽음이나 다름없다고 보면 스트레스는 100에 가깝다고 할 수 있다.

동아증권 VIP 금융 상품 팀으로부터 우리가 배워야 할 점은 바로 그들이 재취업하기까지의 과정에 필연적으로 생기게 마련인 스트레스를 잘 견뎌 냈다는 것이다.

그럼 그들이 동아증권에 들어가기까지의 과정을 간단히 살펴보자.

신한종금의 동료였던 이들 8명은 CP 거래를 전문으로 하는 여신, 자금, 기획, 개인 고객 영업 분야의 베테랑들로 팀을 만든 뒤 팀을 세일즈할 사업 계획서를 작성했다. 계획서에는 CP 업무로 연간 30억 원 이상의 수익을 올리겠다는 것과 팀이 올린 이익의 일정 부분을 성과급으로 받는 대신 영업이 부진할 경우 이듬해 자동 해고도 감수하겠다는 내용을 담았다.

이들은 이 계획서를 들고 30여 개의 증권사들을 찾아다녔다. 몇몇 회사에서는 기존 조직의 반발로 계약 단계에서 무산됐고,

일부 회사는 팀원 중 몇 명만 채용하겠다는 의사를 밝히기도 했다. 그러나 이들은 이 과정을 묵묵히 참아 냈다.

이러한 과정을 참아 내는 것은 그리 간단하지 않은 일이었다. 30대 중반의 직장인이 실업 상태에서 60여 일을 보낸다는 것은 거의 죽음과도 같은 일이다. 그들에게 닥친 스트레스는 상상할 수 없을 만큼 컸을 것이다. 평균 이하의 생활을 하던 사람이었다면 모를까, 실직 이전까지의 상황을 생각하면 견디기가 훨씬 어려웠을 것이다.

그렇게 힘든 나날을 견딘 뒤 그들은 결국 동아증권에 들어갈 수 있게 되었다. 그들이 동아증권에서 많은 수익을 올릴 수 있게 된 것은 그들이 가진 능력이 바탕이 되었겠지만 여덟 명이 합심하여 스트레스를 견뎌 낸 결과라 해도 과언이 아닐 것이다.

실패하는 사람들의 7가지 습관

- 성공에 대한 강박 관념을 버려라.
- 실패하지 않겠다는 소극적 생각이 필요할 때도 있다.
- 실현 가능성이 없는 야망을 버려라.

학교를 갓 졸업하고 입사한 신입 사원만 회사 인생의 출발선에 서 있다고 생각하는 것은 오산이다. 재취업 역시 하나의 조직에서 또 다른 조직으로 옮겨 와 시작하는 출발선인 것이다. 당신이 설령 재취업에 성공했다손 치더라도 '실패하는 사람들의 7가지 습관'을 그대로 지니고 있다면 또다시 서글픈 실업자의 신세로 전락하기 쉽다. 재취업을 생각하는 사람들은 우선 여기서 열거하는 7가지 습관을 멀리할 필요가 있다.

요즘 세상에 성공 지침서는 셀 수도 없이 많지만 이 지침서들을 모두 읽는다 해도 성공하기란 참으로 어려울 것이다. 어쩌면 그것은 팔자 소관일지도 모르므로 차라리 요즘 부쩍 쏟아져 나오는 역술에 관련된 책을 읽거나 용한 점쟁이를 찾아가 '비법'을 한 수 배우는 것이 나을지도 모른다는 생각이 들기도 한다.

성공 지침서에도 문제가 아주 없는 건 아니다. 쉽게 말해서 성공 지침서를 읽고 그대로 하려 해도 도대체 책에 나온 말 자체가 이해되지 않는 경우가 있다. 성공 지침서가 너무 어려울 뿐더러 거기에 씌어진 지침을 실천하기도 무척 어려워서 과연 그 책을 쓴 사람이 책의 내용을 그대로 실천하고 있는지 의심스러워진다.

가령 컴퓨터 프로그램에 관한 책을 보면 그 책을 쓴 사람은 컴퓨터에 관하여 아주 잘 아는, 그러니까 컴퓨터에 관한 한 성공한 사람이기 때문인지는 몰라도 잘 하는 방법만 쓰여 있지 '잘 안 될 때는 어떻게 하라'는 이야기는 상세히 쓰여 있지 않다. 따라서 컴퓨터 매뉴얼을 사서 읽고 컴퓨터를 마스터하는 사람은 아주 드물다. 이는 바로 그 매뉴얼들이 프로그램 조작에 실패하는 경우를 예상하지 않고 쓰여졌기 때문일 것이다. 그러면 여러분들이 피해야 할 7가지 습관에 대해 알아보자.

(습관 1) all round player다

실패하는 사람들은 무슨 일에서나 솔선수범한다. 일을 진행하면서 거의 모든 영역에 걸쳐서 '주도적'이고 팀의 구성원 모두에게 영향력을 행사하고자 한다.

아주 드문 일이긴 하지만 어떤 사람이 거의 모든 분야에 걸쳐서 풍부한 지식과 경험을 가지고 있을 수도 있다. 그러나 그와 함께 일하는 사람들이 모든 분야에 걸쳐 그보다 뒤떨어진 능력을 가졌다고 하기는 어렵다. 굼벵이에게도 뒹구는 재주가 있듯이 누구나 한 가지 정도는 자신 있는 분야가 있게 마련이다. 실패하는 사람들은 이런 것을 인정하지 않고 자기가 모든 분야에서 주도권을 잡아야 직성이 풀리는 성향이 강하다.

(습관 2) 사소한 일에 목숨을 건다

세상에는 중요한 일과 사소한 일이 있다. 그런데 문제는 이 두 가지를 구별하기가 어렵다는 데에 있다. 어느 것이 중요한 것이고 어느 것이 덜 중요한 것인지를 알아 내기만 한다면 성공은 더 가까이 다가올 수 있는데 말이다. 이렇듯 '소중한 것부터 먼저 하라'는 성공 지침을 지킨다는 것이 쉽지 않다. 그러나 아무리 보아도 사소한 일은 금방 알 수 있다. 다시 말해서 자신이 맡고 있는 직책에서 신경 쓰지 않아도 될 일에 대해서는 넘어가야 한다는 것이다. 가령 이사 정도 되는 사람이 보고서에 쓰인 글자 모양이 맘에 안 든다고 타이핑을 하고 있는 사람을 제치고 편집을 하겠다고 나서면 부하 직원들은 속으로 '너 혼자 다 해먹어라' 하고 중얼거릴 것이다.

'사장은 사장다워야 하고, 이사는 이사다워야 하고, 부장은 부장다워야 한다.' 한 가지 덧붙이자면 실직자는 실직자다워야 한다.

(습관 3) 항상 헐떡거린다

약속 시간에 늦는 사람은 늘 정해져 있다. 처음에는 그를 비난하지만 나중에는 아무도 그를 비난하지 않는다. 으레 늦는 사람이라고 포기하기 때문이다. 이런 사람은 결정적인 순간에도 늦는다. 다시 말해서 언제 어디서나 뒷북만 치는 것이다. 그러면 왜 약속 시간에 늦는 것일까? 날이면 날마다 막히는 길 때문일까? 같은 길도 그 사람이 지나갈 때면 갑자기 막히는 것일까? 그는 왜 항상 헐떡거리며 나타나는 것일까?

약속 시간에 늦는 건 그가 현재의 위치로부터 약속 장소까지 걸릴 시간을 잘 모르고 있거나 알고 있더라도 늦게 출발했기 때문이다. 그런데 거의 모든 약속에 늦는다는 것은 거의 모든 경우에 늦게 출발한다는 것이고 이는 바로 그가 자신의 시간, 넓게는 삶을 완전히 장악하고 있지 못하기 때문이다.

약속 하나 지키지 못하는 사람, 자신의 시간도 스스로 관리하지 못하는 사람과 누가 함께 일을 하겠는가?

(습관 4) 회의를 춤추게 한다

나폴레옹 전쟁이 끝나고 유럽의 질서를 창출해 내기 위해서
보수 반동 세력들이 비엔나에 모였다. 그때 오스트리아의 재상
메테르니히는 끝도 없이, 결론도 없이 진행되는 회의를 비꼬아
'회의는 춤추고 있다'고 말하였다.

말과 글은 생각을 겉으로 드러내는 것이다. 눈이 마음의 창이
듯이 말과 글은 생각의 창이다. 따라서 말이 엉키고, 했던 말을
또 하는 사람은 생각도 그러하다고 보면 틀림없다. 심지어 자기
가 무슨 말을 하고 있는지조차 알고 있지 못한 경우일 수도 있
다. 아무도 그의 말을 듣고 있지 않다. 듣는 척할 뿐이다. 유독
말을 잘 못하는 사람이 있을 수는 있다. 그렇다면 글이라도 제대
로 되어 있어야 한다. 말과 글 중에서 어느 하나라도 시원찮은
사람과는 아예 상대를 하지 말아야 한다. 그런 사람과 함께 회의
를 하게 되면 회의는 끝없는 왈츠의 바다로 빠져 들 것이다.

말이건 글이건 간단 명료하게 자신의 생각을 남에게 전달할
수 있어야 한다. 가능하면 모든 업무 연락을 글로써 해보면 생각
을 분명하게 하는 데 도움이 될 것이다.

(습관 5) 쓸데없이 아랫사람 기를 죽인다

부하 직원이 일을 맘에 들게 하지 못하면 어떻게 하면 좋을까? 철저히 밟고 기를 죽여서 잔뜩 주눅을 들인 다음 살살 풀어 주는 게 좋을까, 아니면 오히려 잘못한 사람에게 책임과 권한을 주고 지켜보는 게 좋을까?

이는 각자 알아서 판단할 일이다. 그러나 밟힌 사람은 밟은 사람에게 감정적인 원한을 가질 것이요, 언젠가는 등 뒤에서 칼을 찌를지도 모른다는 사실을 염두에 두어야 할 것이다. 어차피 한 배를 타고 가는데 서로에게 좋은 감정을 지닌 채 가야 항해가 순탄하지 않을까?

(습관 6) 시도 때도 없이 종을 친다

윗사람에게 아부만 하는 사람을 '딸랑이'라 부른다고 한다. 물론 지역이나 회사마다 그 명칭이 다를 수는 있지만 그런 사람은 반드시 있을 것이다. 실력은 없고 오로지 '딸랑딸랑'에만 의존해야 할 사람도 있을 것이고 실력과 '딸랑이'를 겸비한 사람도 있을 것이다.

우리가 하는 일은 합리적인 절차에 따라 해야 한다. 그렇지 않다면 언젠가는 일을 그르치게 된다. 딸랑거리는 일은 이런 절차를 무시하는 것이다. 그리고 간사하기로 치면 인간의 간사함을 넘어서는 동물은 없다. 지금은 윗사람이 딸랑이를 귀여워할지라도 그 '은총'을 거두기라도 하는 날엔 어찌할 것인가!

(습관 7) 귀에 말뚝을 박는다

다른 사람의 말에 귀를 기울이지 않을 때 얻을 수 있는 이익과 손해를 계산해 보면 손해가 더 크다. 자기 이야기 늘어놓기에 바빠 다른 사람의 말을 귀기울여 듣지 않는다면, 우선 다른 사람이 하는 말 중에 우연히 섞여 있을 정보를 놓치게 된다. 또 자신의 말을 귀담아 듣지 않는 상대에게는 어느 누구도 다시는 진지하게 이야기하고 싶어하지 않을 것이다.

누가 무슨 말을 하든, 그 말 속에 한 가지라도 진리가 있다고 여기고 귀담아 들어야 한다. 그 말을 꼼꼼히 적는다면 금상첨화일 것이다.

창업도 멋진 재취업이다

키워드

- 자신의 목표를 구체적으로 적어라.

- 목표 수행을 위해 필요한 행동 리스트를 만들어라.

- 행동 리스트의 첫번째 항목부터 '지금', '당장' 실행하라.

자기 점검을 위한 5가지 단계

현재 당신이 처한 상황은 실업이다. 이것은 도저히 바꿀 수 없는 상황처럼 보인다. 대부분의 사람들은 이처럼 꼼짝 못 할 상황에서는 일단 주저앉는다. 그 다음에 주변 사람들의 이야기를 듣고 몇 가지를 시도해 본 뒤, 또 다른 좌절을 하게 되고 그 다음에는 아주 무너져 버리게 된다. 무너져 버리기 직전에 용하다는 점쟁이를 찾아가는 사람도 더러 있을 것이다. 거의 극단적인 해결

책이 머릿속에서 왔다갔다 하게 되는 것도 이때쯤이다.

위에서 말한, 완벽한 좌절에 이르게 되는 과정을 찬찬히 살펴보면 한 가지 필수적인 것이 빠져 있다는 것을 알 수 있다. '자기 점검'이 바로 그것이다. 자신의 현재 상황에 대한 객관적인 검토 없이 닥치는 대로 이것 저것 해보아야 별다른 성과가 없다는 말이다. 자기가 어디에 있는지도 모르면서 어디로 가야 할지를 결정할 수는 없다.

그럼, 자기 점검을 어떻게 할 것인가?

먼저 자신이 가진 자산을 재평가한다. 이 자산에는 소유하고 있는 부동산, 동산과 같은 물질적인 것뿐만 아니라 자신 있게 할 수 있는 일, 자신의 독특한 능력과 같은 무형의 자산도 포함된다. 이때 주의할 점 하나는 무형 자산 평가를 최대한 객관적으로 해야 한다는 것이다. 팔이 안으로 굽듯이 사람들은 자신의 능력에 대해 관대한 태도를 갖기 쉬운데 이를 피하지 않으면 평가는 소용 없다. 도저히 자기 자신에 대해서 냉정해질 자신이 없으면 인력 개발 회사 같은 곳에 객관적인 평가를 의뢰해도 좋을 것이다.

자산 평가가 끝났으면 자신이 하고 싶은 일의 목록을 작성한다. 구체적인 직종을 적지 않아도 좋다. 머리에 떠오르는 대로 쓰면 된다. 자! 그럼 이제 당신은 두 가지의 리스트를 갖게 되었다. 하나는 '자산 평가 리스트'고, 다른 하나는 '하고 싶은 일 리스트'이다.

이제 당신이 해야 할 일은 목표를 구체적으로 쓰는 것이다.

목표는 자신이 하고 싶은 일에 근거해서 세우는 것이 아니라, 자신이 할 수 있는 일에 바탕을 두고 세워야 한다. 이 두 가지를 구별하지 못하면 '세상이 나를 알아 주지 않는다'는 헛생각 속에서 살게 된다. 그러므로 당신은 할 수 있는 일을 보여 주는 '자산 평가 리스트'를 기준으로 삼아 '하고 싶은 일' 리스트를 체크해야 한다. 이렇게 해나가면 '하고 싶은 일' 중에서 상당히 많은 것들이 삭제될 것이다. 그러한 과정을 거쳐 남은 것이 당신을 현재의 실업 상태에서 벗어나게 해줄 객관적이고 냉정한 일이다.

목표를 세웠으면 행동으로 옮길 차례이다. 그런데 행동하기 전에 해야 할 일이 하나 있다. 그것은 바로 지금까지 자신이 일을 할 때 습관적으로 취해 온 행동 방식을 검토한 뒤 그것을 백지 상태로 만드는 일이다. 그러니까 특정한 행동이 자신의 의식을 지배해 온 상태에서 벗어나야 한다는 것이다. 이렇게 하는 데 도움이 되는 방법은 '필요 행동 리스트'를 만드는 것이다. 사소한 행동 하나가 의식을 바꾼다. '잘 해보겠다'는 생각만으로는 안 된다. 잘 될 행동을 해야 한다. 몸을 재촉해야 마음이 움직인다는 점을 명심하라.

이제 마지막 단계이다. 목표를 달성하기 위해 필요한 행동을 나열했으면, '지금', '당장', 첫번째 항목부터 실천하라. 내일부터, 며칠 좀 두고 본 다음 하기 시작하면 이미 늦다.

작은 일부터 실천하라

구체적으로 실천할 만한 행동들로는 무엇이 있을까?

1. 생각은 많은데 정리가 잘 안 되는 사람

  '당장' 당신의 방부터 치워라. 날마다 치우고 점검표에서 체크하라. 생각이건 방에 놓인 물건이건 정리의 대상이기는 마찬가지다. 물건 정리부터 몸으로 해 버릇해야 생각 정리도 할 줄 알게 된다.

2. 항상 열심히 일하는데 성과가 시원찮다고 여기는 사람

  '당장' 행동 기록표를 쓰기 시작하라. 일하는 시간을 30분 단위로 쪼개고 30분마다 자신이 한 일을 가능한 한 상세하게 기록하라. 업무가 끝난 뒤 그걸 검토하면, 무엇을 했는지를 검토할 수 있다. 일에 몰두하는 것은 좋은 일이다. 그러나 몰두한 나머지 한 발 물러서서 자신을 살피지 못한다면 그건 남 좋은 일밖에 되지 못한다.

3. 뭔가를 하고 싶은데 뾰족한 수가 떠오르지 않는 사람

  '당장' 오늘 배달된 신문을 집어 들고 처음부터 끝까지 한 글자도 빠뜨리지 말고 읽어라. 뾰족한 수가 떠오르지 않는 건 머리에 아무것도 들어 있지 않기 때문이다. 빈 양동이에서 물을 퍼낼 수는 없다. 신문 기자는 우리를 대신해서 정보를 모아

주는 사람이고 신문은 정보 저장소이다. 훌륭한 일꾼이 모아 준 정보를 내버려 두고 '아이디어 빈곤'을 탓하는 것은 어이없는 일이다.

위에 적은 행동들은 별로 대단해 보이지 않는다. 그러나 말로는 쉬운데 막상 날마다 해보려면 어려운 일이기도 하다. 이렇게 사소해 보이는 걸 날마다 실천하기 어렵기 때문에 대부분의 사람들은 문턱을 넘어서지 못하고 방 안에 주저앉아 있게 되는 것이다.

이렇게 사소한 행동 습관을 바꾸는 것이 목표 실행에 도대체 어떤 도움을 줄 것인지 의문일 수도 있겠다. 예를 들어 생각해 보자.

요즘 약간의 자산을 가진 사람이 해볼 만한 사업으로 권유되는 것 중에는 체인점 사업이 있다. 그런데 체인점 사업을 하려면 '기존 체인점 조사', '본인이 시작할 지역에 대한 시장성 분석' 등을 철저히 해야 한다고 한다. 그런데 이러한 조사나 분석을 전혀 해보지 않은 사람은 어떻게 해야 하는지가 막연하다. 조사나 분석은 전문가의 일이라고 생각하기 때문이다.

많은 사람들이 조사를 하기 위해 기존 체인점을 방문하고 주인이 하는 말을 듣고 돌아온다. 돌아왔을 때 그 사람의 머릿속에 들어 있는 것은 '해볼 만한 사업'이라는 주인의 말이 전부인 경우가 많다. 또는 종이 쪼가리에 간단하게 적은 메모뿐이기도 하다. 이 따위를 조사, 분석이랍시고 한 사람은 사업을 하지 않는게 좋다. 조사, 분석을 하려면 공책을 한 권 들고 나가, 주인이한 말부터 시작해서 자신이 보고 들은 것을 모두 다 적어야 한다. 평소에 기록에 인색했던 사람이라면 절대로 할 수 없는 일이다. 그런 다음 그날 적은 것들을 곰곰이 살펴보면서 정리해야 한다. 이 또한 평소에 방도 치우지 않던 사람에게는 불가능한 일이다. 조사 분석 능력을 키우고 싶으면 방 정리와 행동 기록을 해야 하는 까닭이 여기에 있는 것이다.

창업을 위한 몇 가지 힌트

그러면 유망한 체인점 사업을 몇 가지 소개하기로 한다.

'마깔로 과일 가게'는 유통 단계를 줄인 서구식 과일 전문 체인이다. 서구식 창업 아이템으로 냉장 설비에다 체인점 주인이넥타이를 매고 과일을 파는 등 독특한 영업 방식을 채택하고 있다. 마깔로(02-927-5106) 측은 경북 능금, 여봉 딸기 등 신선한과일류와 채소류, 버섯, 산채류 등 14종 100여 품목을 시중 도매가보다 10~15% 싼 가격으로 공급한다. 8평을 기준으로 설비비, 인테리어비, 마케팅비가 2천5백~3천만 원 정도 소요된다. 이 사업은 일단 보기에는 좋아 보인다. 단 유의할 점이 있다. 과일을

제2장 나는 재취업이 즐겁다

팔아서 많은 돈을 벌겠다는 생각은 버려야 한다는 것이다. 과일은 허기를 달래기 위해 먹는 것이 아니라 일단 밥을 먹은 다음에 먹는 디저트 개념이기 때문에 수요가 한정되어 있다는 것을 염두에 두어야 한다는 말이다.

50만 원 정도의 여유 자금이 있다면 '렉스 영어' 공부방을 해볼 만하다. 이는 어린이 영어 공부방인데, 회사(02-3412-0037) 측에서는 개설 희망자가 원하는 사무실이나 자택에 공부방을 꾸며 준다. 공부방을 꾸미는 데 들어가는 최소 비용이 50만 원이며 체인점 가맹비가 없다. 유아에서 초등학생을 가르칠 교재가 공급되고 각 학생들로부터 월 5~6만 원을 교재비 등으로 받는데 학생들로부터 받는 금액 중 40%만 본사에 입금하면 된다. 회사 측에서는 대학을 졸업한 수준이면 전공에 관계없이 누구나 본업 또는 부업으로 참여할 수 있다고 한다. 이 사업을 하려면 학생을 모집하는 일이 중요하다. 또한 날마다 아이들과 부대끼면서 해야 하는 일이기 때문에 무한한 인내심이 요구된다.

가정 방문 컴퓨터 교육은 컴퓨터에 관심 있는 사람이 해볼 만한 일이다. 자신이 직접 나서도 되고 강사를 호출하여 연결시켜 주는 일만 할 수도 있다. 지사 개설 비용은 가맹비 200만 원, 보증금 100만 원 등 총 350만 원이 든다. 회사(02-948-0106) 측은 인구 10만 명 이상이면 사업성이 충분하다고 말하고 있다. 교육비는 2시간 단위로 3만 8천 원이다. 이 사업은 교육 사업이기 때문에 3D 직종이 아니라고 말할 수 있다. 그러나 컴퓨터 방문 교육은 정해진 교육 과정에 일 대 일 지도가 덧붙여지기 때문에 예상치 않은 여러 가지 경우를 만날 수 있다. 운영 체제뿐만 아니라 각종 소프트웨어에 대한 상세한 지식, 문제가 발생했을 때 그것을 해결할 수 있는 능력 등과 같이 매뉴얼을 통해서는 배울 수 없는 것들에 대한 지식이 요구되기 때문에 웬만큼 자신이 있는 사람이 아니고는 쉽사리 나설 수 없다.

장사에도 자신이 없고 뭔가를 해볼 만한 기술도 없는 사람은 가장 직접적으로 몸으로 하는 일을 해야 한다. 중견 제빵업체에서 25년 동안 근무했던 김 모 씨(49, 서울 관악구 신림동)는 경비원으로 취업한 경우이다. 전에는 2백10만 원의 월급을 받았지만 지금은 3분의 1에 불과한 70만 원을 받는다. 과거에 비하면 형편없다고 생각할 수도 있겠지만, '특별한 기술도 없는 처지에 그래도 할 일이 있다'는 사실로 위안을 삼는다. 부양 가족이라도 있다면 이런 식의 '눈높이 낮추기'는 당연한 것이다. 그렇지만 낮춰 가기가 말처럼 그리 쉬운 일은 아니다.

대기업 H중공업의 이사로 퇴직한 유 모 씨(51, 서울 강남구 역삼동)는 "그래도 왕년에 대기업 이사였는데…중소기업이라도 임원이 아니라면 좀 그렇지"라고 말한다. 그러나 이런 사람들에게 취업 전문가들은 매섭게 말할 뿐이다. "인식의 틀을 깨지 않으면 살아남을 수가 없다. 자존심까지 버리라고 강요할 수는 없지만 흰 와이셔츠 차림으로 노느니 푸른색 작업복을 입고 일하는 게 현실적인 대안이 아니냐. 좀 유연해질 필요가 있다"고 충고하는 것이다.

직장인도 진짜 프로만이 살아남는다

미래와 해외로 향하는 자만이 살아남는다

- 눈앞에 닥친 일에서 잠시 물러서라.
- 큰 흐름을 읽으려고 노력하라.
- 외국에는 일자리가 많다는 것을 기억하라.

미래의 유망 직종

선택의 여지없이 각박하게 하루를 살아가는 사람에게는 앞날을 예상하는 것 자체가 이미 사치에 속하는 일이다. 따라서 앞날을 내다보고 차분히 설계하라는 조언은 귓가에 와 닿지 않는 것이기 십상이다. 그러나 당장 눈앞의 어려움에 마음이 급한 나머지 그날 그날을 때우기 위해 무엇인가를 하는 것은 내일의 생계에는 도움이 될지 모르나 그보다 더 많은 앞날을 위해서는 전혀 도움이 되지 않는다.

IMF가 지나면 우리 사회는 '저성장 경제 시대'로 들어선다. 따라서 이 시대에 적절한 것들을 예견해서 준비하면 도움이 될 것이다.

먼저 생각해 볼 수 있는 것은 데이터베이스 전문가이다. 이들은 컴퓨터 등을 이용해서 특정 분야의 정보를 찾아보기 쉽게 모으고 체계화하는 일을 전문적으로 하는 사람이다. 미국에서는 이들이 만든 데이터를 이용해 공사 발주, 쇼핑 등이 이루어지고 있을 만큼 데이터베이스 전문가들의 활동이 활발하다. 이 직업은 데이터베이스 관리 프로그램을 다뤄야 하는 만큼 컴퓨터 조작 능력은 기본이고 특정 분야에서 필요한 정보의 질을 판별할 수 있는 식견이 요구된다.

인터넷을 통한 전자 상거래는 급속도로 성장하고 있는 분야이다. 현재 미국은 인터넷을 통한 상거래에 관세를 부과하지 않도록 하자는 협상을 강하게 밀어붙이고 있다. 이는 그만큼 인터넷 상거래가 앞으로 중요한 거래가 된다는 것을 예견케 한다. 게다가 인터넷 상거래는 연령이나 학벌, 성별에 관계없이 진출할 수 있는 분야이기 때문에 지금까지 자신이 해온 일이 무엇이든 간에 관심을 갖고 해볼 수 있는 일이다. 정보 처리 능력은 필수지만 인터넷에서 장사를 하는 것이기 때문에 무엇보다도 중요한 것은 마케팅에 관한 감각을 키우는 것이다.

　모든 일이 자동화되어 감에 따라 우리 나라에서도 조만간 손으로 하는 일에 대한 값어치가 올라갈 것으로 예상된다. 따라서 전기 장비 조립 전문인, 전기와 관련된 제반 장비를 조립하는 기능인도 가능성 있는 직업일 수 있다. 이 분야에서 일을 하고자 한다면 한국산업인력관리공단 산하의 직업전문학교와 관련된 기능 분야를 가르치는 곳에서 전문 훈련을 받을 수 있다. 이 분야의 일을 하려면 자격증을 따야 하는 것이 필수이다.

　코스트 컨트롤러, 우리 말로 '기업 비용 통제 전문가'는 감량 경영, 생산성 향상이 절박한 과제인 시대에 새롭게 떠오르는 직종이다. 제품 생산이나 기업 경영에 있어서 불필요한 경비를 찾아 내고 이를 줄이는 일을 한다. 즉 기업의 생산성을 높이는 방안을 찾아 내는 전문가이다. 우리에겐 약간 생소하지만 유럽 등지에서는 제조업체뿐만 아니라 공공 기관, 금융 기관, 학교, 유통 회사 등 모든 부문에서 활발히 활동하고 있다.

　용선 계약 전문가는 배를 빌리려는 화물주와 해운업자 사이의 용선 계약을 대행해 준다. 용선 계약 전문인이 되기 위해서는 체선료, 운임률, 중간 정박 기간, 계약일 수, 선적지로의 회항 기일 등 제반 문제에 대한 지식은 물론이고 일의 특성상 협상력도 요구된다. 관련 업계의 업무 처리 관행에 밝아야 할 뿐만 아니라 광범위한 데이터베이스를 축적해 두어야 실패하지 않는다.

실업의 탈출구, 해외 취업

당분간 국내 대부분의 기업들은 신입 사원을 채용하지 않거나 채용 계획을 세우지 않고 있다. 해고도 바쁜데 사람 뽑을 틈이 없는 것이다. 특히 정부가 실업자 대책의 일환으로 추진 중인 인턴 사원제 도입에 대해서도 기업들의 호응이 적어 일자리 구하기는 하늘의 별 따기가 될 전망이다. 또한 일부 회사는 선발을 해놓고도 회사 사정이 나빠져서 발령을 내지 않거나 합격 통보를 하지 않은 상태에 있다. 유능한 대졸 인력이 차고 넘치는 상태에서 신입 사원을 뽑지 않는 것은 당연한 일일지도 모른다. 이때 고려해 볼 만한 것은 외국으로 눈을 돌리는 일이다. 물론 이것은 외국에서 일할 수 있을 정도의 능력을 갖춘 사람에 한해서만 해당된다.

특히 정보 통신 관련 전문가는 현재 한계에 달한 것으로 보이는 국내에서의 일자리에 연연하지 말고 외국으로 눈을 돌리는 것이 현명해 보인다. 세계화 시대에는 금융이나 산업만 세계화되는 것이 아니라 노동도 세계화된다. 따라서 현재 상황에서 해외로 취업하는 것은 과거에 해외로 나갔던 것과는 그 의미가 다르다. 국내 노동 시장에는 한계가 있으므로 해외로 눈을 돌리는 것도 실업에서 벗어나는 좋은 방법이다.

사실 구제 금융 사태 이후 미국, 일본, 호주, 영국 등 세계 각국이 국내 헤드헌팅 업체를 통해 코볼, 자바 등 컴퓨터 언어 전문 프로그래머, 컴퓨터 그래픽 엔지니어, 컴퓨터 시스템 설계·분석 엔지니어, 애플리케이션 엔지니어 중심으로 5년 이상의 경력을 갖춘 전문가 소개를 많이 의뢰하고 있다. 외국 업체 입장에서 보면 환율 급등으로 한국 전문가들의 인건비가 크게 떨어졌을 뿐만 아니라 다른 어느 국가의 엔지니어보다 기술적인 면에서 경쟁력이 있다고 봤을 때 국내 전문가에게 호감을 갖지 않을 수 없다. 실제 국내 업계 관계자들은 미국과 일본이 향후 5년 동안 모두 11만 명 정도의 전문 인력을 채용할 것으로 예상하고 있다. 그래서 요즘 헤드헌팅 업체를 비롯, 구인구직업체들의 활동이 그 유례를 찾기 어려울 정도로 활발하다.

상대적으로 고급 인력이 많은 정보 통신 분야에는 요즘 해외 업체들의 취업 제의가 많다. 2000년 문제(Y2K) 해결 수요까지 생기자 원화 가치와 더불어 몸값이 추락한 한국의 고급 인력들이 구미 각국의 스카우트 대상이 된 것이다. 기업 구조 조정이 본격화되고 실업자가 넘치기 전에 어떠한 인력 수요라도 창출해 실업난에 대비하는 것은 지극히 당연한 일이라 할 수 있다.

통계에 의하면 지난해 말 국내 정보 통신 분야 인력은 약 55만 명인데 이 가운데 생산직을 제외하고 연구와 개발에 종사하는 인원은 16만 명 정도라고 한다. 헤드헌팅 회사들이 군침을 흘리는 대상이 바로 이들이다. 정보 통신 분야에 대해서는 최근 정보

제2장 나는 재취업이 즐겁다

화 추세에 따라 구미 선진국뿐만 아니라 거의 모든 나라들이 막대한 투자를 마다하지 않고 있다. 따라서 정보 통신 분야에서 종사하던 사람들은 이들 헤드헌팅 업체를 통해 해외 취업을 하는 방안을 찾아보는 것이 좋을 것이다.

해외 취업, 이렇게 한다

외국 기업에 대한 채용 정보를 얻으려면 주요 일간지와 경제지, 영자지의 구인 광고를 늘 눈여겨봐야 한다. 1997년 4월 말까지 국내에 들어와 있는 외국 기업 현지 법인(합작 포함)은 5천9백55개에 달한다. 이들 외국인 회사의 경우 전체 직원 수가 대부분 20~50명 이내이다. 회사 규모가 적다 보니 공채보다는 결원 시 수시로 사원을 채용하고 있다. 따라서 취업 전문 기관에 채용을 의뢰하는 경우가 많다. 외국 기업들이 취업 전문 기관에 의뢰한 채용 정보는 PC 통신에 들어가면 볼 수 있다. 하이텔과 천리안은 go jobht, 나우누리는 go jobhunt, 유니텔은 go jobhun이다. 추가 정보를 얻기 위해 전화를 했는데 자세히 가르쳐 주지 않고 무조건 방문을 권유하는 회사는 일단 의심해 볼 필요가 있다.

'해외 취업' 하면 사람들은 대개 고급 인력만을 떠올린다. 그러나 반드시 고급 인력이어야만 해외에 취업할 수 있는 것은 아니다. 학력이 낮아도 기술이 뛰어나다면 해외로 나갈 길은 얼마든지 있다. 다음의 사례를 살펴보자.

피혁 가공 기술자인 김혁현 씨는 고등학교를 졸업한 뒤 1982년부터 17년 동안 가죽을 다루는 직장에서 근무했다. 그는 자신이 근무했던 소파용 피혁 납품업체가 가구업계의 불황으로 문을 닫자 한 헤드헌트 업체로부터 해외 취업 의향이 있느냐는 연락을 받고 싱가포르의 유명 소파 제조업체에 취업이 되었다. 그의 취업 조건은 회사 측이 연봉 약 7천만 원에 가족이 살 아파트와 비행기 표까지 제공하는 것이었다. 또 의료 보험 등 모든 근로 조건도 현지인과 동일한 대우를 보장받았다. 이 경우는 학벌이나 영어 실력과는 상관없이 세계적인 수준의 기술만 갖추고 있다면 어떤 경우이든 해외에 취업할 수 있다는 것을 보여 주는 사례이다.

위의 사례에서도 알 수 있듯이 해외 취업에 중요한 것은 학벌보다는 실무 위주의 기술이다. 한국에서 어떤 대학을 나왔느냐 하는 것은 외국 업체에서 중요하게 여기지 않으며 설사 한국에서 알아 주는 대학을 나왔다 해도 한국의 대학 수준 자체가 세계적인 차원에서 볼 때 형편없으므로 그런 '국내용' 기준으로는 별 도움이 되지 않는다.

국내에 진출해 있는 외국계 기업 대부분은 서류 전형과 면접을 통해 사원을 선발한다. 서류 전형에 통과하기 위해서는 이력서나 자기 소개서를 정성껏 쓰는 것이 중요하다. 특히 자기 소개서는 외국계 기업에 입사하는 데 기초적인 것이다. 면접을 치르기 전에 필기 시험을 치르는 회사도 있다. 한국듀폰, 한국3M, 한국IBM, 유한킴벌리, 한국네슬레, P&G 등 큰 회사들은 대부분 토익을 실시한다. 규모가 작은 회사일수록 필기 시험이 면접과 동시에 실시되는 경우가 많고, 영어 인터뷰로만 끝내는 경우도 많다. 필기 시험보다 면접이 훨씬 중요하다. 보통 2~3차에 걸쳐 진행되는데 1차 면접은 부서장이 하는 경우가 많고, 최종 면접은 최고 경영자가 직접 참석하는 경우가 많다. 영어 면접에서 주로 하는 질문 내용은 자기 소개, 성장 배경, 가정 환경, 학교 생활, 직업관, 지원 동기 등이다. 자기 소개와 직업관에 대해서는 철저하게 준비하여야 한다.

거듭 말하지만 외국계 기업에 입사하려면 학벌이나 어학 실력이 크게 좌우한다고 생각하기 쉽다. 그러나 외국계 기업은 학벌보다는 실무 능력 위주의 채용이 우선시된다. 일의 성격에 따라 영어 실력이 그리 중요하지 않은 업무도 많기 때문이다.

고급 인력의 해외 취업으로 인해 국내 산업 기반이 무너지고 있다는 우려의 소리가 있다. 이 말은 틀린 것이 아니다. 그러나 당신은 그런 말에 신경 쓸 필요 없다. 당장 직장이 없어서 노는 고통을 모르는 한가한 사람들이나 그런 말에 귀기울일 것이기 때문이다.

생각을 바꿔야 살아남는다

진정한 뉴 리더의 조건

국가 전체뿐만 아니라 각 기업에서도 지속적인 개혁과 변화를 주도할 탁월한 능력을 가진 리더를 절실히 요구하고 있다. 초일류 외국 기업의 성공 사례를 보더라도 월 마트의 샘 월튼, IBM의 루 거스너, 마이크로소프트의 빌 게이츠, GE의 잭 웰치 등 기업의 최고 경영자가 탁월한 뉴 리더의 반열에 선두를 차지하고 있다.

뉴 리더는 누구인가?

그렇다면 이 뉴 리더들은 어떠한 성공 요인을 갖추고 있는지 살펴보자. 미 경영 전문지 「이그제큐티브 엑설런스(Executive Excellence)」는 1997년 12월호에서 성공적인 뉴 리더가 되기 위해 갖추어야 할 8가지 요건을 소개하고 있다. 이 8가지 요건은 다시 환경·비전·전략 측면과 조직 및 종업원과의 관계 측면 등 크게 2가지로 구분된다.

첫째, 환경·비전·전략 측면에서 볼 때 성공적인 뉴 리더는 기업 환경 변화의 미세한 흐름을 정확히 파악하고, 부분이 아닌 전체적이고 균형 잡힌 시각을 가진다. 그리고 변화 과정에서 추진하는 제반 정책에 일관성을 가지고, 기업의 역량을 한 방향으로 집중시킨다.

둘째, 조직 및 종업원과의 관계 측면에서는 과거 경험이 아닌 새로운 미션과 전략을 달성할 수 있도록 조직 체계를 바꾸어서 종업원들이 새로운 미션과 전략 달성에 전념하도록 유도한다. 또한 종업원의 일상적인 업무 활동이나 행동을 먼저 바꾸어서 변화에 참여하도록 하며, 그들에게 가능성 있는 기회와 필요한 자원을 제공한다.

개혁과 변화가 성공하기 위해서는 변화 노력이 기업 전체로 퍼져 나가야 하며, 항상 변화의 기운이 넘쳐 흘러야 한다. 이를 위해서는 최고 경영자의 리더십이나 개인적 노력 이외에, 강력한 추진 세력의 참여와 활약이 필수적이다.

그렇다면, 개혁과 변화를 성공시키기 위한 강력한 추진 세력은 어디에서 나오며 어떤 사람들이어야 하는가? 미시간 대학 인사 관리 교수인 데이브 얼릭(Dave Ulrich)의 말처럼, 미래의 진정한 리더는 최고 경영자나 조직의 원로들이기보다는 조직 내부에서 변화를 실천하는 알려지지 않은 리더들이다.

일반적으로 리더는 기업의 모든 계층에서 나올 수 있다는 것이 최근 사례에서도 자주 나타난다. 인텔의 상임 엔지니어인 테드 젠킨스(Ted Jenkins)는 경영자는 아니지만 전문 기술자로서 지위에 얽매이지 않는 리더로 알려져 있다.

그는 실제로 정해진 일을 시키는 대로 하라고 부하 직원들에게 강요하는 관리자 스타일이 아니다. 업무 진행 방식을 스스로 깨닫도록 인도하는 촉진자(facilitator) 역할을 하는 사람이었다. 또한 그는 권력이란 지위 고하에 상관없이 주어지고 발생할 수 있다는 믿음을 갖고 행동하는 사람이었다.

뉴 리더로서의 자질

이와 같이 기업이 개혁과 변화를 추진할 때에는 최고 경영자와 일선 직원을 연결하는 중간 관리자의 역할과 노력이 매우 중요하다. 특히 뉴 리더가 중간 관리자급에서 나와 적재적소에서 스스로의 역량을 충분히 발휘해야 한다.

진정한 뉴 리더는 우수한 관리자와 다른 독특한 스킬(skill)을 갖추고 있다.

• 첫째, 진정한 뉴 리더는 시장 환경의 변화, 최고 경영자의

열정, 그리고 종업원의 능력을 강력하게 연결한다.
- 둘째, 조직의 모든 구성원들이 변화할 수 있도록 조직 내 구석구석까지 영향을 미친다.
- 셋째, 다양한 해결 방법에 대해 잘 알고 있으며 조직 상황에 맞게 계속해서 수정하며 개선시킨다.
- 마지막으로, 야구의 스위치 히터(Switch-hitter)처럼 어느 특정한 리더십 스타일을 고집하지 않는다.

이처럼 진정한 뉴 리더는 우수한 관리자와 여러 면에서 차이가 나기 때문에 갖추어야 할 자질도 다르다. 「이그제큐티브 엑설런스」는 1997년 10월호에서 뉴 리더가 갖추어야 할 몇 가지 중요한 자질을 제시하였다.

그 중에서도 가장 핵심적인 것은 다음의 4가지이다.

- 첫째, 항상 경청하고 반복적인 커뮤니케이션을 하라.
- 둘째, 종업원들이 일상 업무에서 해방될 수 있도록 배려하라.
- 셋째, '왜?'라는 질문을 반복하여 변화에 다양한 시각을 반영하라.
- 넷째, 실패를 감수하고 거기에서 학습할 수 있는 여건을 마련하라.

진정한 뉴 리더는 일반적으로 알려진 리더가 갖추어야 할 요건들(예컨대 의지, 열정, 비전, 근면, 정력 등)만 가지고는 기업의 개혁과 변화를 성공적으로 이끌 수 없다.

뉴 리더가 되기 위한 8가지 조건

미국의 출판·금융·기술 분야에서 활약하고 있는 경영 컨설팅 업체인 체인지 크래프트 & 트레이드(Change Craft & Trade)사의 컨설턴트인 도그 웨슬리(Doug Wesley)는 진정한 뉴 리더인지 아닌지를 스스로 평가할 수 있는 자기 평가용 항목을 개발하여 제시하였다. 이 체크 포인트는 자기 평가용이기는 하지만, 기업에서 진정한 뉴 리더를 발굴하고 육성하는 데에도 매우 유용하다. 그 내용을 소개하면 다음과 같다.

① 관리 능력
분석, 기획, 평가 등과 같은 일반적인 경영 관리 과정은 물론이고 종업원들과 협상하여 그들을 격려하며 리드할 수 있는 능력을 보여 주었던 과거의 경력과 현재의 수준이 어느 정도인지 파악한다.

② 변화의 길잡이 능력

변화 과정에서 발생하는 반대와 저항을 관리하며 새로운 문제 해결 방법을 찾고 변화를 주도할 수 있는 자신감, 적응력, 용기가 어떠한지 평가한다. 과거에 언제 새로운 변화 상황에 직면하였고 어떻게 행동하였는지, 그리고 현재의 수준이 어느 정도인지 파악한다.

③ 새로운 기술과 스킬

변화에 필요한 기본적인 기술과 스킬을 가지고 있는지 또는 획득하려고 했는지 평가한다. 과거 5년 동안에 갖고 있던 새로운 스킬은 무엇이었는지, 그리고 현재의 수준이 어느 정도인지 파악한다.

④ 지도력

종업원들이 새로운 스킬을 개발하고 사용하도록 그들을 훈련시키고 지도하는 능력이 어떠한지 평가한다. 과거의 경력은 물론 현재의 자질에 대해서도 어느 정도인지 파악한다.

⑤ 인내력

변화에 따르는 고통을 인내하고 실패에서 오는 스트레스를 견디는 능력이 어떠한지 평가한다. 언제 이러한 일을 겪었는지, 그리고 현재 수준이 어느 정도인지 파악한다.

⑥ 긍정적인 정치력

뉴 리더를 따르지 않는 사람들의 존경을 받아 내고, 그들의 지지를 확보하여 유지하는 정치적 능력이 어떠한지 평가한다. 과거 어떠한 상황에서 이 능력을 발휘했고 어떻게 대처하였는지, 그리고 현재 수준이 어느 정도인지 파악한다.

⑦ 추진력

변화를 방관하거나 반대하는 사람들에게 적극 참여하도록 의사 결정을 내리고 이를 실행에 옮긴 적이 있는지 평가한다. 수행했던 의사 결정의 내용과 그 수행 결과, 그리고 현재 수준이 어느 정도인지 파악한다.

⑧ 신뢰

종업원들을 신뢰하고 정보를 공유하는 데 얼마나 솔직한지를 평가한다. 과거의 경력은 물론 현재 수준이 어느 정도인지 파악한다.

제3장 생각을 바꿔야 살아남는다

새로운 리더십이 필요하다

변화의 흐름을 정확히 파악하라

경영자는 기업을 둘러싼 외부 환경을 철저히 파악해야 한다. 그래야 고객과 경쟁자로부터 전혀 예측하지 못한 기습 공격을 받는 일이 없을 것이다. 기업 환경의 미세한 변화를 눈치채지 못한다면 시장 점유율이 곤두박질치거나 이익이 감소하며 극단적인 경우 파산할 가능성까지 있다는 점을 명심하라.

제너럴 모터스(GM)의 경우 1970년대 캘리포니아에서 미국산 자동차를 기피하는 여러 가지 징후를 포착하고도 이를 고객의 외제차 선호 현상의 전조로 받아들이지 않고 대수롭지 않는 일로 치부해 버렸다. 그 뒤 GM은 몇 년 동안 매출 감소와 시장 점유율 하락을 겪고 나서야 비로소 전통적 GM 고객들이 일시에 GM에 등을 돌리고 신뢰성이 높고 값이 싸며 유지비가 적게 드

직장인도 진짜 프로만이 살아남는다

는 외제차 업체로 향하는 현실을 깨닫게 됐다.

경영자는 기업에 영향을 미치는 정치 환경의 새로운 흐름과 변화, 사업 전반을 하룻밤 사이에 뒤엎을 수 있는 신기술과 혁신적 과학 발견의 여파까지 예측해야 한다.

종업원의 열정을 모아라

경영자의 중요한 역할 중 하나는 종업원들이 회사의 사명과 전략을 달성하기 위해 자신의 정열과 혼신의 힘을 다하도록 유도하는 것이다. 만약 그렇게만 한다면 사람이 없어서 목표를 달성하지 못하는 일은 결코 없을 것이다.

IBM의 루 거스너 회장은 "변화는 문서를 주고받음으로써 이뤄지는 게 아니다. 종업원의 몸과 마음이 함께해야만 가능한 일이다"라고 말했다. 지혜 있는 경영자들은 외관상 어려운 상황에서도 종업원들의 정열과 힘을 결집하는 방법을 안다.

종업원들이 회사의 미션에 대해 깊은 연대감을 갖도록 경영자는 솔선수범해야 한다. 그렇게 하면 종업원은 회사를 위해 그 어떤 어려움도 마다하지 않을 것이다.

제3장 생각을 바꿔야 살아남는다

정책에 일관성을 유지하라

카리스마적인 리더는 신문의 1면을 장식할지는 모르지만 실제로 말단 종업원들까지 변화시키는 리더는 아니다. 그러한 변화는 꾸준하고 일관성 있게 행동하는 리더에 의해서 이룩된다는 사실을 기억하라.

카리스마적인 리더는 회사가 어려울 때 즉각적인 효과를 발휘해 신문에 자주 오르내려 주식값을 조금 올릴 수 있을지는 몰라도 경영 혁신에 적합한 인물은 아니다.

진정으로 변화를 추진하는 기업이 필요로 하는 경영자는 종업원들에게 분명하고 일관성 있는 리더십을 제공하는 리더로, 회사가 지향하는 것이 무엇인지를 설득력 있게 제시한다.

이 같은 리더는 중역들부터 말단 근로자에 이르기까지 모든 종업원의 마음에 열정을 불러일으키는 사람이다.

행동부터 바꾸어라

조직 문화를 바꾸려면 먼저 종업원의 행동을 바꾸어야 한다. 혁신 활동의 제1단계 대상은 종업원들의 일상적인 업무 활동인데 이보다는 그들의 신념과 가치관, 작업 스케줄부터 변화시키려 하다가 실패하곤 한다.

새로운 업무 방법을 사용하도록 종업원들을 설득하고 대화하면서 올바른 경영 정책과 업무 절차를 세워 나가는 것이 바로 새로운 기업 문화를 창출하는 과정이다.

고객 만족 조직을 만들어라

많은 회사들이 대규모 경영 혁신 활동을 시작하면서 우선 조직 체계부터 손대는 경향이 있지만 대부분 결과가 좋지 않다. 왜냐하면 조직 체계를 바꾼다고 해서 사람들의 업무 방식이나 핵심적인 업무 수행 절차가 근본적으로 바뀌는 것은 아니기 때문이다.

경험을 통해 조직 구조에 맞춰 조직의 미션과 전략을 결정하는 것이 아니라 미션과 전략을 달성할 수 있도록 조직을 구성하는 것이 올바르다.

따라서 경영 혁신 활동의 첫번째 작업으로 조직 체계에 변화를 추구하는 것은 곤란한 일이다. 먼저 고객에 대한 서비스를 극대화하는 방향으로 조직의 목표를 설정하고 그 목표 달성에 가장 효과적인 조직을 구성해야 한다.

한 방향으로 집중시켜라

경영 혁신에 성공하려면 기업 문화나 리더십 같은 상위 차원의 변화를 위해 노력하는 동시에 종업원의 업무 수행 등 하위 차원의 혁신도 함께 추진해 기업의 역량을 한 방향으로 집중시켜야 한다.

예를 들면 조직 차원에서 업무 수행 방법을 혁신하려면 컴퓨터 기종까지도 더 좋은 것으로 바꿔야 한다. 이처럼 종업원들의 업무 태도를 새롭게 바꾸기 위해서는 인사 시스템도 동시에 혁신시켜야 한다.

즉 새로운 기업 문화를 설정했다면 이를 현실화시킬 수 있는 제도적 뒷받침이 병행해서 이뤄져야 한다.

기회를 제공하라

리더는 부하 직원에게 혁신 활동의 성공에 필요한 자원을 제공하든가, 아니면 활동에 장애가 되지 않게 뒤로 물러서 있어야 한다. 동시에 혁신 활동을 촉진하는 최선의 관리 방법과 동기 부여 방법에도 정통해야 한다.

리더는 구태의연한 방법으로 새로운 물줄기를 막으려 하지 말고 가능성이 있는 기회를 제공하거나 필요한 자원을 지원할 수 있어야 한다.

부분만 보고 속단하지 말라

부분적인 지표만 보고 혁신이 전체적으로 성공했다고 할 수 없다. 일부가 아닌 전체적이고 균형 잡힌 시각만이 지속적인 성공을 담보하는 지름길이다.

다운사이징을 하면 당장 단기적 생산성을 증가시킬 수 있지만 효과가 지속되지는 않는다. 이처럼 일부에 국한된 혁신 노력은 단기적으로 좋은 성과를 거두지만 이면에 숨어 있는 근본적인 문제를 치유할 수는 없다.

노드스트롬의 서비스 신화

이 일화는 실제로 미국의 한 백화점에서 있었던 일이다.

한 부인이 세일이 막 끝난 백화점 매장을 찾아왔다. 그녀는 세일 기간이 끝난 줄 미처 모르고 평소 사고 싶었으나 비싼 가격 때문에 망설였던 한 고급 브랜드의 바지를 사고자 했다. 그러나 그 매장에는 그녀에게 맞는 치수가 이미 다 팔린 상태였다. 판매 사원은 인근 지역에 있는 다섯 군데의 같은 백화점 매장에 문의를 해보았지만 역시 같은 치수의 바지를 구할 수 없었다. 그러나 길 건너편에 있던 경쟁 백화점에 바로 그 치수의 바지가 있다는 사실을 안 판매 사원은 곧장 매장 지배인에게 현금을 얻어 그 백화점으로 달려갔다. 그리고는 정가대로 값을 지불하고 바지를 구입해 와 그 고객에게 세일 가격으로 되팔았다. 서비스도 이쯤 되면 일반적인 서비스 개념의 상궤를 벗어난다.

고객이 기쁨의 눈물을 흘릴 때까지

이 일화 속의 백화점 이름은 노드스트롬이다. 물론 이 거래에서 노드스트롬 백화점은 돈을 벌지 못했다. 그러나 돈보다 더 값진 고객 만족과 감동을 얻은 것이다. 만약 당신도 비슷한 상황이었다면 노드스트롬의 평생 고객이 되지 않았을까?

노드스트롬은 1901년 스웨덴 출신의 이민자인 노드스트롬(John W. Nordstrom)과 구두 수선공인 월린(Carl F. Wallin)이 공동 투자로 시작한 구두 전문점 '월린 & 노드스트롬(Wallin & Nordstrom)'에 그 뿌리를 두고 있다. 이후 의류업으로 사업을 확장하여 현재는 구두와 의류를 취급하는 패션 전문 백화점으로 미국 16개 주에 62개의 백화점과 20여 개의 전문 할인 매장을 운영하고 있으며 미국 내 유통업체 중 아홉 번째 큰 규모로 성장했다.

노드스트롬에 비해 역사는 짧지만 매출 규모가 수십 배나 큰 월 마트와 같은 기업에 비하면 노드스트롬의 위치는 미미해 보일 수도 있다. 그러나 노드스트롬이라는 이름에는 단순한 숫자 이상의 의미가 담겨 있다.

앞의 사례와 같은 탁월한 서비스로 노드스트롬은 경쟁이 치열한 미국 소매업계에서 고객은 물론 경쟁 업체에 이르기까지 '모든 백화점업계의 야망', '고객 서비스의 살아 있는 신화'로 불리며 미국 최고의 고객 서비스 회사로 존경받고 있다. 예를 들어 『It's Not My Department』의 저자이며 고객 서비스 전문가인 피터 글렌(Peter Glen) 같은 사람은 "노드스트롬에서의 쇼핑은 고객의 눈에서 기쁨의 눈물이 흐르게 하는 경험이다"라며 격찬하고 있다. 심지어 한 지역 주민 여론 조사에서는 '지역 발전을 위해 가장 먼저 개선되어야 할 점은?'이란 질문에 놀랍게도 노드스트롬 상점을 개설해야 한다는 응답이 가장 많이 나왔다. 지금까지 어떤 백화점이 이 정도의 찬사를 받은 적이 있었던가.

노드스트롬으로 하여금 이러한 서비스를 가능하게 한 원동력은 무엇일까? 무엇보다도 노드스트롬만의 독특한 기업 문화와 사업 철학을 이유로 들 수 있다. 노드스트롬은 원래 구두 전문점에서 출발했었다. 구두란 제품은 사람에 따라 길이나 볼 넓이 등이 다양해서 정확한 치수를 맞추기 어려운 제품 중의 하나이다. 그렇다 보니 자연히 각 고객별로 개별화(individualization)된 서비스를 제공하는 것이 중요한 관심사가 될 수밖에 없었다. 이러한 구두 판매의 오랜 경험으로 노드스트롬은 종업원들에게 한 번의 대량 판매보다는 고객과의 장기적인 관계 형성을 강조한다. 그리고 이러한 관계하에서 각 고객별로 개별화된 서비스를 제공할 수 있도록 각종 지원과 제도를 마련해 놓고 있다.

기업가적인 종업원

노드스트롬 매장의 모든 사원들은 입사와 동시에 회사로부터 고객 관리용 수첩을 지급받는다. 이 수첩은 고객별 관리가 용이하도록 파일처럼 페이지를 마음대로 끼웠다 뺐다 할 수 있도록 설계되어 있으며, 판매 사원은 이 수첩에 자신이 상대한 모든 고객의 이름과 전화 번호, 결제 계좌 번호, 치수, 이전 구입품과 시기, 메이커 선호도나 취향 등 고객에게 필요한 정보를 그때 그때 꼼꼼히 기록하여 개개인별로 차별화된 서비스와 판매 계획을 수립하는 데 이용한다.

그리고 각 매장마다 전화를 설치하여 고객에 대한 편의 제공은 물론 판매 사원이 매일 오전 고객과의 통화를 통해 안부를 묻거나 고객이 필요로 할 만한 신상품에 대한 소개, 이전 구매 제품에 대한 만족 여부 등을 확인하는 데 이용할 수 있도록 배려하고 있다.

또한 판매 사원별로 지정된 담당 구역을 없앰으로써 고객이 원하는 것이면 매장에 관계없이 한 판매 사원이 모든 매장을 안내할 수 있도록 하고 있다.

예를 들어 양복을 구입한 고객에게 양복 매장의 직원은 고객이 원할 경우 양복에 맞는 셔츠나 넥타이, 구두, 액세서리 등을 직접 안내하면서 판매할 수 있도록 되어 있다.

제3장 생각을 바꿔야 살아남는다

노드스트롬을 타경쟁 업체와 구분짓는 또 하나의 특징은 바로 기업가적인 종업원이다. 노드스트롬을 찾는 고객들은 종업원 한 사람 한 사람이 마치 그 상점의 주인처럼 생각하고 행동하는 데 신선한 충격을 받는다.

일반적으로 미국의 백화점 판매 사원은 시간제로 일하는 임시직이 대부분이어서 시간만 채우면 그만이라는 생각이 지배적이고 따라서 고객 서비스의 질이 떨어질 수밖에 없기 때문이다.

그러나 노드스트롬은 달랐다. 먼저 노드스트롬은 미국에서 소매업계 최초로 판매 수수료 제도를 도입하였다. 당시로서는 상당히 파격적이고 모험적인 조치였다. 그러나 창립자인 노드스트롬(John W. Nordstrom)은 감독을 필요로 하지 않고 자발적으로 열심히 일하는 사람을 끌어들이고 유지할 수 있는 최상의 방법은 능력에 따라 보수를 지급하는 것이라는 오랜 장사 경험에서 우러나온 인사관(人事觀)을 가지고 있었다. 노드스트롬의 직원들은 제품에 따라 6.75%에서 13%의 수수료를 지급받게 되어 있으며 평균적으로 일급 판매원의 경우 시간급 외에 10만 불의 수수료 수입을 올리고 있으며 신입 직원도 평균 2만 불 이상을 받는 것으로 알려져 있다. 또한 최우수 고객 서비스상, 올스타상 등 각종 포상 제도를 마련하여 금액은 적지만 매일 상금을 지급하는 등 즉각적이고, 가시적인 보상을 실시함으로써 판매 현장의 활력을 높이고 있다.

80/20 법칙

IMF 시대를 맞은 요즘, 개인이나 기업 할 것 없이 모두 낭비 요인 제거, 근검 절약, 사업 구조 조정, 임금 삭감, 감량 경영 등을 통해 허리띠를 졸라매고 있다. 이때 개인이나 기업이 잊어서는 안 될 의사 결정의 원칙이 있는데 이것이 바로 80/20 법칙이다. 원래 이 법칙은 경제학자인 파레토(Pareto)에 의해서 100년 전에 발표되었다. 즉, 그는 소득과 부와의 관계를 연구하다가 어느 나라, 어느 시기에 상관없이 동일한 패턴으로, 전체 부의 80%는 20%의 사람에 의해서 소유된다는 이론을 발표하였던 것이다.

이 법칙의 의미는 80%의 효과(결과)는 20%의 노력(투입)으로부터 온다는 것으로 기업이나 개인 모두에게 최소의 노력(투입)으로 최대의 효과(결과)를 거둘 수 있는 비밀을 발견할 수 있게 해준다. 이 법칙은 성공한 기업이나 개인이 갖추어야 할 중요한 조건 중 하나이다. 몇 가지 적용 예를 살펴보자.

일반적으로 우리 나라 기업은 80/20 원칙에 입각한 경영보다는 돈 되는 것이면 무엇이든지 시도하는 차입 경영을 통한 확장을 해온 경향이 있다. 이러한 결과 선택과 집중 등 명확한 사업 전략이 부재했고 제품과 모델 수가 너무 많아 생산 관리, 재고 관리 등 경영 관리상 비효율성이 매우 높았다.

그러나 초우량 기업들의 경영 활동 모습을 살펴보면 명확한 핵심 사업군이 있고 핵심 제품과 고객의 집중 관리를 통해 경쟁력을 강화시키고 있다. 결국 이들은 제품 아이템의 20%가 매출이나 이익의 80% 이상을 차지하며 전체 고객 중 핵심 고객 20%가 전체 매출이나 이익의 80% 이상을 차지한다는 80/20 법칙을 명확히 알고 이를 사업 전략, 제품 관리, 프로젝트 관리 등 기업의 전 분야에 적용시킨 것이다. 결국 이 원칙은 기업의 경영 방식이 복잡성 경영에서 탈피하여 단순·집중 경영으로 전환해야 함을 가르쳐 준다.

핵심 타깃에 역량을 집중하라

개인 활동의 경우에도 사명 달성에 기여도가 낮은 자질구레하고 긴급한 일들은 종류도 다양하고 많은 시간을 필요로 한다. 그리하여 대부분의 개인들은 사명 달성에 기여도가 높은 중요한 일보다는 자질구레하고 긴급한 일에 많은 시간을 투입하는 잘못을 범하는 경우가 많다. 그러나 성공적인 삶을 사는 개인들의 활동 패턴을 보면 80/20 원칙에 입각하여 중요한 일에 해당하는 20%를 우선적으로 잘 관리함으로써 삶의 질을 극대화시키는 등 성공적인 삶을 살아가고 있다. 이 법칙은 결국 시간 관리에 있어서 긴급성보다는 중요성의 관점을 갖고 행동해야 함을 가르쳐 준다. 이 밖에도 사회, 교육, 가정 부문 등 이 법칙의 적용 분야는 무수히 많다.

기업이나 개인에게 주어지는 시간, 돈, 인력 등 자원은 무한하지 않고 유한하다. 이러한 연고로 주어진 자원을 어떻게 잘 배분·관리하느냐가 개인의 생존·번영에 매우 중요한 요소가 되는 것이다. 결국 80/20 법칙은 기업 활동이건 개인의 삶이건 어떠한 경우에도 단순히 노력을 쌓아 가는 것만으로는 충분하지 못하며 중요한 것(20%의 노력 부문)을 명확히 정의하고 이에 집중하여 자원을 배분하고 활용해야 성장·발전할 수 있음을 시사해 준다.

진실의 순간

한 비즈니스맨이 공항에 도착하고 나서야 항공권을 호텔에 두고 온 것을 알았다. 중요한 회의에 참석하지 못할 상황이었다. 혹시나 하는 심정으로 항공사 담당자에게 상황을 설명했다. 뜻밖에도 담당자는 임시 항공권을 준비하고 고객을 안심시킨 후, 호텔과 연락해 비행기가 출발하기 전 항공권을 찾아왔다. 고객은 깊이 감명받았고 앞으로 그 항공사만 이용하기로 결심했다. 만약 구태의연한 항공사였다면, 항공권 없이는 탑승할 수 없다는 규정만 되풀이하고 발빠르게 대응하지 못했을 것이다. 실망한 고객은 다음부터 그 항공사 이용을 꺼릴 것이다. 이처럼 어느 한 순간의 서비스가 기업의 이미지를 좌우하는 상황은 어느 기업에서나 흔하게 일어날 수 있는 일이다.

진실의 순간이란

'진실의 순간(moments of truth)'은 스웨덴의 마케팅학자인 리처드 노만이 최초로 제창하였다. 이는 고객이 종업원이나 기업의 특정 자원과 접촉할 때, 서비스의 품질에 대한 고객의 인식에 결정적인 영향을 미치는 상황으로 정의할 수 있다.

스페인의 투우에서는 투우사와 소가 일 대 일로 대결하는 최후의 순간을 '결정적 순간'이라 말한다. 마찬가지로 마케팅에서 말하는 '진실의 순간'도 고객에게 서비스의 품질을 보여 줄 수 있는 기회로 지극히 짧은 순간이지만 서비스에 대한 고객의 인상을 좌우하게 만든다. 진실의 순간을 흔히 결정적 순간이라고 부르는 이유가 여기에 있다.

진실의 순간은 보통 종업원과 고객이 접촉하는 순간에 발생한다. 하지만 고객이 광고를 볼 때나 고객이 그 기업의 건물을 볼 때, 주차장에 차를 세울 때, 로비에 들어섰을 때, 우편으로 받은 청구서나 문서를 접할 때 등 직·간접적으로 회사의 다른 자원과 접촉하는 순간에도 발생할 수 있다.

15초 안에 고객을 만족시켜라

스칸디나비아 항공사는 진실의 순간을 성공적으로 관리한 대

제3장 생각을 바꿔야 살아남는다

표적인 사례이다. 이 회사의 칼슨 사장은 한 해에 천만 명의 승객이 각각 5명의 자사 종업원들과 접촉한다는 것을 알았다. 고객별 1회의 응접 시간은 평균 15초였다. 결과적으로 1회 15초라는 짧은 시간에 1년 간 5천만 번 고객의 마음에 스칸디나비아 항공의 인상을 새겨 넣는 셈이다.

칼슨 사장은 이렇듯 짧은 순간들이 결국은 스칸디나비아 항공의 성공을 좌우하게 되는 결정적 순간들이라는 사실을 깨달았다. 이때부터 사원들에게도 이런 사실을 교육하였다. 또한 최일선 사원들이 15초의 진실의 순간에 아이디어를 내고 대책을 강구하고 결정할 수 있도록 책임과 권한을 위임하였다.

스칸디나비아 항공은 진실의 순간을 발견하고 집중적으로 관리한 지 1년 만에 800만 달러의 적자 기업에서 7천1백만 달러의 이익을 내는 기업으로 변모하였다.

서비스는 상품이다

고객과의 접점에서 발생하는 진실의 순간이 중요한 이유는 고객이 경험하는 서비스 품질이나 만족도에 소위 곱셈의 법칙이 적용되기 때문이다. 따라서 여러 번의 결정적 순간 중 한 가지가 나쁘다면 한 순간에 고객을 잃어버릴 수도 있다. 예컨대 제품이 아무리 좋더라도 안내원, 경비원, 주차장 관리원, 전화 교환원,

상담 접수원 등 최일선 서비스 요원들의 접객 태도가 나쁘다면 고객은 그 순간에 결정적으로 불만을 갖고 떠나 버릴 수 있다.

따라서 기업들은 진실의 순간과 그 임팩트를 파악하고 서비스를 설계하고 관리해야 한다. 또한 진실의 순간도 또 하나의 상품으로 다루어 다른 상품과 마찬가지로 품질을 철저하게 관리해야 한다.

변화를 읽으면 성공이 보인다

바뀐 세상에 적응하는 6가지 발상 전환

무작정 바꾸기로 하자면 모든 것이 다 변화의 대상이 될 수 있다. 그러나 무엇보다 중요한 것은 세상을 보는 눈을 바꾸는 것이다. 과연 세상은 어떻게 바뀌고 있는지 알아봄으로써 샐러리맨으로 세상에 적응하는 방안을 찾아보는 것도 현명한 태도라 할 수 있다.

1. 크기보다는 깊이다

우리 기업들이 바꾸어야 할 발상의 첫째는 크기 위주의 경영이다. 여기저기 사업을 벌이기만 하면 어느 정도 벌 수 있었던 시절에는 크기가 중요한 관리 지표일 수 있었다. 그러나 이제는 그와 같이 하다가는 경영 자원의 고갈로 본업마저도 위험에 빠지게 될 것이다.

이제는 과거처럼 차입을 통하여 자본을 마구 끌어들일 수도 없게 되었다. 스스로 벌어서 스스로 투자해야 하는 상황이 전개되고 있는 것이다. 그러다 보니 돈 들어갈 구멍에 비해 쓸 돈은 터무니없이 부족한 상태에 몰리고 만 것이다.

돈을 빌리기가 어려워진 마당에 버는 것 이상의 투자를 할 수는 없다. 그렇다고 투자를 하지 않을 수도 없다. 그렇다면 타개책은 단 하나뿐이다. 돈 안 되는 사업은 과감히 던져 버리는 것이다. 말하자면 되는 것을 선택해서 그것에다 모든 경영 자원을 집중시키는 것이다.

2. 구멍가게들도 글로벌 경쟁이다

전통적으로 국제 경쟁력이란 말은 우리 기업이 해외 시장에 나가서 경쟁할 때의 경쟁력을 의미하는 말이었다. 그러나 시장이 개방된 지금에는 우리의 안마당에서도 국제 경쟁력 없이는 살아남기 곤란하게 되었다.

일전에 '나의 경쟁 상대는 외국의 아무개입니다'라는 공익 광고가 나간 적이 있었다. 그러나 기업의 입장에서 그것은 단순한 구호가 아닌 눈앞의 현실인 것이다.

이러한 사실은 시장에 나가 보면 안다. 주부의 장바구니 속마저도 더 이상 국산 일색이 아니다. 중국산 야채, 필리핀산 과일,

스페인산 식용유, 일본산 양념…이런 현상은 앞으로 더 확대될지언정 줄어들지는 않을 것이다.

게다가 이제는 그런 제품을 파는 상점마저도 국제적인 경쟁을 벌이고 있다. 실제로 경기도 한 지역에는 국내 대기업이 세운 백화점과 프랑스의 유통업체인 까르푸가 나란히 경쟁하고 있다.

3. 현금이 중요하다

이제부터는 단순한 사업 전망에 앞서 현금 창출력을 확인할 필요가 있다. 아무리 이익률이 크다고 해도 장기 할부를 해야만 팔 수 있다면 그런 거래는 다시 한 번 고려해야 한다. 아무리 큰 고객이라고 해도 현금 회수에 대한 불안이 있다면 그 또한 다시 한 번 고려해야만 할 것이다.

현금을 고려하는 것이 거래에만 국한되는 것은 아니다. 내부적인 투자에서도 마찬가지이다. 특히 리스크가 높은 장기적인 투자의 경우에 그러하다.

장기적인 투자는 대부분 연구 개발 투자 또는 부동산에 대한 투자로 볼 수 있다. 연구 개발은 기업의 본원적 활동이므로 반드시 이루어져야 한다.

4. 싼 게 비지떡이다

불황이다. 경쟁이 치열하다고 하면 대뜸 가격 인하를 생각하는 사람이 있다. 그러나 그것은 100% 제 무덤을 파는 지름길이다. 가격 인하는 즉각적으로 경쟁사의 반격을 받을 것이다. 그렇다면 결과적으로는 가격 인하의 효과를 볼 수 없게 된다.

게다가 아무리 값을 내린다고 해도 해외에서 우리와는 아예 다른 원가 구조를 가진 경쟁자가 터무니없이 낮은 가격을 제시한다면 어쩔 것인가? 단적으로 말하면 가격 경쟁에는 한계가 있다. 문제는 가격 그 자체가 아니라 가격에 대비하여 고객이 느끼는 가치가 얼마나 큰 것인가 하는 점이다.

가치를 올리기 위해서는 많은 방법이 동원될 수 있을 것이다. 그런데 적은 비용으로 즉각적인 효과를 보기 위해서는 3가지 마케팅 기법이 동원 가능하다. 그것은 디자인 마케팅 전략, 프리미엄 마케팅 전략, 그리고 서비스 마케팅 전략이다.

5. 팔아야 번다

팔아야 돈을 번다는 것은 삼척동자도 다 아는 사실이다. 그런데 실제로 기업에 가 보면 이 간단한 사실만큼 지켜지지 않는 것도 없다.

가장 간단한 예가 가동률이다. 지금도 공장에 가 보면 가동률을 높이자는 말을 많이 한다. 실제로 일감이 없어서 손을 놓고 있으면 왠지 죄짓는 것 같은 느낌을 받는다는 작업자들도 많다. 그러나 단적으로 말하자면, 팔리지 않을 물건을 만드느니 차라리 노는 것이 낫다.

아무리 많이 만들어 봐야 팔리지 않으면 다 쓰레기이다. 그 제품을 만드는 데 들어간 재료와 인건비는 모두 허공 중에 날아가 버리는 것이다.

같은 논리로, 고속의 자동 생산 설비도 수요가 뒷받침되지 않으면 쓸모 없는 것이라고 할 수 있다. 팔리지 않을 것이라면 그 기계는 초고속으로 귀한 재료를 쓰레기로 바꾸고 있을 뿐이다.

수요를 생각하지 않고 만들기만 하면 결국에는 버리거나 대규모의 할인 판매와 같은 무리수를 둘 수밖에 없다. 일전에 기아자동차는 30% 할인이라는 사상 초유의 할인 판매를 한 적이 있다. 생산 라인에서 단 1%의 원가 절감을 위해 얼마나 많은 고생을 하는지를 생각한다면 이 정도의 할인이 얼마나 큰 것인가는 짐작이 될 것이다. 사후적인 것이지만, 만약 기아가 그 정도로 과잉 생산을 하지 않았더라면 재고로 많은 돈이 묶이지 않아 부도의 위협에 시달리지 않게 되었을지도 모를 일이다.

6. '빨리'보다 '먼저'이다

히토츠바시 대학의 요네쿠라 교수는 21세기의 글로벌화된 산업 사회의 키워드는 '분산화, 다양화, 그리고 스피드'라고 말한 적이 있다.

사실, 누가 특별히 말하지 않아도 빠른 것이 중요하다는 것에는 공감하고 있을 것이다. 그런데 문제가 되는 것은 속도의 질이라고 할 수 있다.

지금까지의 '빠르기'는 줄을 벗어나지 않은 의미에서의 빠르기였다. 즉, '누가 더 빨리 만들어 내는가?', '누가 더 빨리 배달하는가?'와 같이 남들과 똑같은 일을 더 빨리 하는 것을 말하였다.

그러나 이제부터는 줄을 뛰어넘는 빠르기가 중요하게 된다. 말하자면 '빨리'보다는 '먼저'의 시대가 된 것이다. 남들이 100원짜리를 '재빠르게' 5개 만드는 동안 나는 그들보다 '먼저' 1,000원짜리를 하나 만들어 파는 그런 식이다.

고객 만족, 기업의 사활 가른다

기업의 핵심 자산은 고객

기업의 궁극적인 목표는 이윤의 추구이다. 실질적인 이윤의 창출을 가져오지 못하는 활동에 대한 투자는 기업 운영에서 정당화되기 어렵다. 우리 기업들은 최근 몇 년 동안 프로세스 혁신, 전사적(全社的) 정보 시스템 구축 및 통합 등 내부적인 운영 효율성의 개선을 위한 각종 혁신 활동을 열정적으로 수행해 왔다. 이러한 내부 지향적 혁신 활동은 기업의 근본적인 체질 개선을 위해 꼭 필요한 것이기는 하다. 그러나 기업의 장래 현금 흐름을 결정해 주는 가장 궁극적인 자산은 고객이라는 점을 잊어서는 안 된다.

한정된 고객을 놓고 동종 및 이종 제품과 서비스를 벌이는 경쟁의 치열함은 필연적으로 고객의 요구 수준을 높인다. 더구나 이제 고객은 단 몇 개의 동질적인 집단으로 구분하기가 어려울 정도로 세분화되고 있다. 결국 개별 고객은 보다 넓어진 선택의 기회 속에서 보다 자신에게 적합한 상품이나 서비스를 요구하고 있다.

급격히 발전하고 있는 각종 정보 처리 기술은 기업에 새로운 기회와 위험을 동시에 제공하고 있다. 보다 신속하고 차별적인 서비스를 제공하려는 경쟁 상황에서 정보 기술의 적절한 활용은 상대적인 경쟁 우위를 넘어서 시장에 대한 지배 기회를 부여할 정도로 위력적이며 이를 구사하지 못하는 기업은 시장에서 사라질 위험에 처해 있다.

고객 수의 양적인 증가는 매출을 높여 주기는 하지만 그렇다고 반드시 실이익을 증대시킨다고 볼 수는 없다. 우리 나라 신용 카드 사의 예를 들어 보자.

지난 몇 년 간 이루어진 무분별한 가입 고객 확보 경쟁은 다수의 신용 불량 고객을 양산시켰으며, 이들의 존재는 신규 고객 확보 시점에서 고객 선별 작업을 통해서 우량 고객만을 받아들이든지 아니면 기존 고객 가운데서 그 고객이 기여하는 가치에 따라 고객별로 차등적인 관리를 해야 할 필요성을 대두시켰다.

불황과 갈수록 치열해지는 경쟁 환경은 고객의 잦은 이동과 심지어 고객의 소멸까지 낳고 있다. 이런 상황에서는 상당한 비용을 수반하는 신규 고객의 확보에 나서기보다는 이미 확보된 고객을 유지하는 것이 급선무다. 당장은 이들의 이탈을 막는 것만도 쉽지 않기 때문이다. 개인 고객을 상대로 하는 유통, 금융, 제조업 등에서 이미 시장은 성숙 단계를 넘어서고 있으며, 기업들은 신규 진출과 외국 기업의 시장 참여, 제품과 서비스의 다양화로 갈수록 극심한 경쟁을 벌이고 있다.

한 미국 컨설팅 기관의 연구 결과에 따르면 일반적으로 기업의 고객 이탈률은 매년 25%에 이른다고 한다. 이탈한 고객 수를 신규 고객 확보를 통해 보상하려면 엄청난 비용이 요구된다.

이에 반해 기존 고객의 유지에 드는 비용은 신규 고객 획득에 드는 비용의 1/5에 불과하다. 따라서 이탈률 5% 저하는 신규 고객 5% 추가 확보에 비해 비용 절감 효과 측면에서 5배의 수익 개선 효과를 낳는 것이다.

고객 만족을 통한 수익성 극대화

과거 대량 생산 체제의 고객 만족 방식은 이제 더 이상 받아들여지기 어렵다. 세분화된 고객 시장을 목표로 하는 제품과 서비스의 제공은 이제 기업의 기본적인 마케팅 철학이 되었으며, 여기서 한 걸음 더 나아가 고객과 일 대 일의 관계 유지를 위한 서비스 제공이 요구된다. 고객을 위한 맞춤 서비스는 여러 업종에서 다양한 방식으로 시도되고 있다. 은행이나 증권, 투자신탁업

제4장 변화를 읽으면 성공이 보인다

의 경우 개별 고객의 재테크 상담 창구를 별도로 운영하고 있으며, 한 사람의 고객을 위한 상담 및 관리가 이루어지고 있다.

고객 한 사람을 위한 맞춤 서비스는 제품 개발, 유통 경로, 사후 서비스 및 관련 정보의 제공 등 마케팅의 전 과정에서 수행될 수 있으며 이로 인해 얻어지는 호감과 고객에 대한 상세한 정보는 기업에 매우 귀중한 자산이 될 수 있다.

고객과의 일 대 일 관계에서 상품과 서비스 제공자로서 기업이 부여하는 가치보다는 이를 받아들이는 고객이 어떻게 느끼는가가 더욱 문제시된다. 과거 비교적 덜 세분화된 시장을 대상으로 하는 기업의 무차별한 마케팅 활동은 고객이 알아서 자신의 기호와 욕구를 스스로 만족시킬 것을 요구하였다.

그러나 일 대 일의 고객 관계에서는 기업이 제공하는 제품과 서비스가 오직 그 고객 혼자만을 위한 것으로 인식되어야 한다.

이를 위해서는 그 고객의 형편, 기호, 욕구에 관한 상세한 정보를 기업이 보유하고 있어야 하며, 이를 활용하여 그 고객이 현재 원하거나 혹은 장래에 원할 가능성이 높은 것을 미리 제공해 주어야 한다. 더 이상 고객이 알아서 소비하고 반응할 것을 기대해서는 안 되며 기업이 적극적으로 고객을 파악하고 이들이 가치 있게 느낄 만한 것을 제공해 주어야 한다.

요컨대 고객이 기업과 접촉하는 어떤 상황에서도 기업은 그 고객으로 하여금 특별한 존재로 취급되고 있다고 믿게 할 수 있

으며, 그와 동시에 고객으로부터 유용한 정보를 획득하는 이중의
효과를 거둘 수 있다.

　이제까지의 고객 전략은 제품이나 서비스에 대한 일회적인 구
매에 초점을 맞춘 마케팅 활동이라고 볼 수 있으며, 각종 관리
활동 및 비용 지출도 이러한 개념에 입각해 집행되었다. 그러나
전술한 바와 같이 고정된 고객으로부터 창출되는 수익이 신규
고객을 확보하는 것보다 더 우월하다는 점을 감안할 때, 기업은
고객 유지를 통한 수익성 극대화에 노력해야 함을 알 수 있다.

　고객은 그의 삶이 지속되는 한 어떤 종류의 제품이나 서비스
에 대해 지속적인 소비 욕구를 가질 것이며, 이를 하나의 기업이
독점할 수 있다면 그 고객으로부터 최대한의 수익을 올릴 수 있
게 되는 것이다. 물론 이 과정에서 호의적인 구전 효과와 관련
상품의 연계 구매 등의 추가적인 수익 확보 효과도 기대할 수 있
다. 이처럼 상대적으로 많은 비용을 들여 단기간의 수익에 초점
을 맞추게 되는 일회적인 마케팅 활동에 비해 고객 유지를 통한
생애 가치의 획득은 치열해진 경쟁 상황에서 지속적이고 안정된
수익의 원천이 된다.

　유용한 고객 정보를 입수하기 위해서는 입수 경로와 방법에
대한 창의적인 아이디어가 필요하다. 제품이나 서비스 구매 시점
의 등록, 무료 사용 기회를 통한 획득, 판촉 활동의 참여를 통한
획득, 관련 업체 간 정보의 공유, 지속적인 사후 서비스를 통한

제4장 변화를 읽으면 성공이 보인다

정보의 획득 및 갱신 등 그 입수 경로와 방법은 연구하기에 따라 무궁무진할 수 있다. 이들 정보는 무차별로 수집되어서는 안 되며 그 목적과 형태 및 관리 방법에 관한 명확한 사전 계획에 따라 일관성 있게 체계적으로 수집되고 지속적으로 관리되어야 한다.

고객 정보를 사용하여 할 수 있는 일은 크게 고객 집단에 관한 유용한 지식의 발견과 개별 고객에 대한 맞춤 서비스의 제공으로 볼 수 있다. 개인에 관한 상세한 정보는 이들 고객과의 일 대 일 관계에서 적절한 서비스를 제공할 수 있게 하며, 통합된 고객 관련 정보는 각종 마케팅 활동에서 의사 결정에 유용한 지식을 제공한다. 따라서 이를 위해서는 고객과의 접점에서 정보를 전략적으로 활용하기 위한 기술적인 지원 도구(Call-center 등)가 필요하며, 고객 정보의 분석을 위해서는 지식 추출을 위한 각종 분석 도구가 필요하다.

지식 없는 기업은 미래도 없다

　　최근 우리 기업들의 경쟁력에 대한 근본적인 의문이 제기되면서 지식 중심 경영(knowledge-based management)에 대한 관심이 고조되고 있다. 지식 중심 경영이란 기업 내부에 축적, 공유된 지식의 양과 깊이가 곧 기업의 핵심적인 경쟁 역량으로 작용하게 하는 경영을 의미한다. 보다 쉽게 이야기해서 맹목적으로 열심히 일하기만 하는 데서 벗어나 머리를 써서 움직이는 경영이라고 할 수 있겠다. 과거 우리 경제가 값싼 노동력을 활용한 생산 중심의 기업 시대이던 때에는 많은 시간과 인력을 투입하더라도 열심히 하기만 하면 되었다. 그러나 국제 시장에서 더 이상 저가격(低價格)에만 의존할 수 없는 상황에서는 어떻게 하면 남들이 생각하거나 따라올 수 없는 제품이나 서비스를, 남들보다 적은 요소 투입을 통해 생산할 수 있느냐 하는 경쟁으로 바뀌어 가고 있다.

제4장 변화를 읽으면 성공이 보인다

기업 경영에서 지식이나 브레인 파워(brain power)의 중요성은 생각보다 훨씬 더 실감하기 가까운 거리에 있다. 예를 들어 유명한 도요타의 간판 방식을 통한 무재고 경영을 보자. 간판 방식이나 JIT는 고객의 수요 변화를 적절하고 신속하게 반영해 낼 수 있는 예측 능력을 바탕으로 부품 재고의 수준을 과거에 비해 대폭적으로 감소시키는 결과를 가져왔다. 곧 수요 예측의 정보(information)가 부품 재고(inventory)를 대체한 것이다.

다른 한 가지 예로서 모든 고객들을 대상으로 무차별적인 상품이나 서비스를 제공하던 데서 그치던 금융 산업에서도 치밀한 고객 데이터 분석을 통해서 구매력, 행동, 니즈 등을 감안하여 보다 개별화, 차별화된 상품을 제공하는 기업들이 잇달아 나타나고 있다. 예를 들어 AMEX 같은 경우 자사의 신용 카드를 사용하는 고객이 실제로 구매한 의복의 색상이나 사이즈까지도 파악할 수 있는 정보 능력을 보유하고 있다. 이 전매적(專賣的, proprietary) 고객 지식을 활용하여 AMEX는 고객이 자주 가는 식당의 할인 쿠폰이나 이벤트 행사 등을 알려 주는 식으로 회원의 이용 가치를 높임과 아울러 매출 증진 효과를 거두고 있다. 심층적 고객 지식이 자사만의 경쟁 역량으로 연결되고 있는 것이다.

머리가 없는 기업, 지식으로 경쟁하지 않는 기업의 경우 전형적으로 다음과 같은 특성을 보인다.

빈뇌(貧腦) 기업 증후군

- 동일한 실수가 반복된다.
- 업무 중복이 발생한다.
- 좋은 아이디어가 공유되지 않는다.
- 핵심 소수 인력에 대한 의존도가 매우 높다.
- 신제품 출시가 늦다.
- 시장 리더를 쫓아갈 수 없다.
- 가격 경쟁에 나서지 않으면 안 된다.
- 우리가 제공하는 서비스의 대가로 가격을 올려받을 수 없다.

자료 : 'Brain Power'(「Fortune」, 1997. 3. 17.)를 참고하여 정리.

지식을 창출해 내고 이것을 공유화해 가는 형태는 하나의 교과서처럼 똑 부러지게 정해져 있지 않다. 두뇌의 힘, 정보에 의해 움직이는 회사라 할지라도 다 같은 유형이라고 생각해서는 안 된다는 뜻이다. 소속 산업이나 경쟁의 특성이 동일할 수 없기 때문이다. 요구되는 지식의 특성 및 그 공유나 활용 방식이 이들 기업들의 모형을 결정짓는 주요 변수가 된다. 다음의 네 가지 모형의 기업들은 직장인들에게 참조가 될 만하다고 생각된다.

1. 전문가 집단형

첨단 산업이나 전문적 서비스를 제공하는 기업들에게서 요구되는 지식은 소수 정예 인력의 두뇌에 의존하는 경우가 많다. 소수의 기술 엘리트에 의해 기업 경쟁력의 대부분이 결정되는 실

135

리콘 밸리 기업형이다. 실제로 세계 범용 소프트웨어 시장의 대부분을 장악하고 있는 마이크로소프트의 경우에도 핵심 개발 인력은 놀랄 만큼 소수에 불과한 것으로 알려져 있다. 지식 전파의 필요성은 인식하고 있지만 산업 환경이나 기술의 변화 속도 때문에 전파 활동 자체가 힘들고 시장의 빠른 움직임을 감안할 때 공유보다는 가치 있는 인적 자산의 확보가 보다 중요한 경우이다. 따라서 지식의 공유보다는 슈퍼 탤런트를 스카우트 형식을 통해 확보하는 데 중점이 주어져 있는 경우가 많다.

2. 사내 거래형

지식의 수준이 비교적 고급이면서도 공유의 활동이 케이스 바이 케이스 스타일로 충실히 수행되고 있는 유형이다. 휴렛팩커드의 경우 계측 기기, 컴퓨터 등 몇 가지 주요한 사업부로 구성되어 있으며 각 사업부는 매우 분권화된 형태를 유지하고 있는 것으로 알려져 있다. 이들 사업부 간의 지식의 공유는 일종의 사내 컨설팅 형식으로 사고 파는 형태로 전개되고 있다. 고객 만족 및 TQM 등과 같은 각 사업부의 성공적인 혁신 추진 활동들을 수행한 바 있는 핵심 인력들은 가상적인 공통 본부 조직에 등록되어 있다. 이들은 다른 사업부의 요구가 있을 경우 유가 베이스 컨설팅을 통해 스스로의 경험을 바탕으로 한 현장 지식들을 제공, 공유하게 된다.

3. 경험주의 개선형

지속 개선 운동 및 품질 관리 운동으로 유명한 일본 기업들의 경우 대부분 지식의 창출 및 공유가 현장에서의 경험 활동에 의해 이루어진다. 유명한 도요타의 간판 방식이나 품질 관리 통계 기법의 하나인 다구치 기법 등이 현장 경험을 중시하는 일본식 지식 창출 활동의 보기라고 할 수 있다. 이 과정에서는 특히 조직력과 팀워크가 중요시되는 것이 특징이다. 이때의 지식은 이론이나 선험적 원천에서 나오기보다는 경험, 집요한 관찰, 지속적인 학습에 의해 달성된다. 엑스퍼트(Expert) 시스템 등 특별한 공유 메커니즘 없이도 학습 경험이 지속적으로 축적될 수 있는 것은 경험 있는 인력이 장기적으로 동일한 포지션에 위치하게 되는 특유의 인사 시스템이 뒷받침되고 있기 때문이다.

4. 범용 표준화형

요구되는 지식의 수준은 평범한 것이지만 그것의 광범위한 공유가 기업의 경쟁력으로 연결되는 경우를 말한다. 맥도널드 햄버거의 경우 종업원 하나하나의 수준은 매우 평범한 사람들로 구성되어 있다. 그러나 성공적인 표준화와 지식 공유의 노력을 통해 기업 전체로서는 매우 지적인 조직을 이루고 있다. 자사만이 제공할 수 있는 신속성, 청결성 등을 실천해 내는 데 필요한 지식과 이를 실천하는 능력의 공유가 철저하게 이루어져 있기 때문이다. 지식 기업이라고 해서 반드시 첨단 기술이나 산업에 의존하는 것을 의미하는 것이 아니라는 점을 염두에 둘 필요가 있다.

구조 조정기의 WIN-WIN 전략

요즘 IMF 한파의 극복과 관련하여 가장 많이 거론된 이슈 중의 하나가 고용 조정, 즉 정리 해고이다. 급변하는 환경 변화에 기업이 효과적으로 대응하기 위해서는 사업 구조의 변화가 적시에 탄력적으로 이루어져야 하며 이는 필연적으로 고용 조정을 수반하게 된다. 하지만 고용 조정은 그 동안 평생 직장을 신념으로 살아온 근로자들에게는 생계와 직결되는 것이기 때문에 쉽게 실행에 옮기기 어려운 측면이 있다. 따라서 IMF 한파를 극복하기 위해서는 이 두 가지를 얼마나 원만하게 해결하느냐가 중요하다.

이를 위해서는 기업과 근로자에게 모두 혜택이 돌아가는 이른바 'WIN-WIN' 전략이 필요하다.

지금까지 '저원가'를 경쟁 무기로 성장해 온 우리 기업들은 시장 개방 등의 변화 속에서 선진국의 기술력과 개발도상국의 저

제4장 변화를 읽으면 성공이 보인다

가격 공세에 샌드위치가 되어 세계 시장에서의 지위를 위협받고 있다. 이는 우리 기업들이 저원가를 대치할 수 있는 차별화된 경쟁 역량, 즉 핵심 역량을 확보하지 못한 데에 그 원인이 있다. 따라서 우리 기업이 세계 시장에서 메이저 플레이어가 되기 위한 핵심 역량을 확보하기 위해서는 기업의 비즈니스 시스템을 핵심 기능 중심으로 재구성하고, 이 핵심 기능이 세계적인 경쟁력을 갖도록 자원 투자의 임계치(Critical Mass)를 확보하여야 한다. 이를 위해서는 중요성과 효율성이 낮은 기능들은 과감히 외부화하는 기능 구조 조정이 필요하다. 이는 자원의 효율성 측면만이 아니고 급변하는 경영 환경 변화에 탄력적으로 대응하기 위해서도 기업의 무게 중심을 낮추는 것이 중요하기 때문이다.

이와 같은 구조 조정은 인식을 달리할 경우 종업원들에게 창업의 기회를 제공해 줄 수도 있다. 지금까지의 종신 고용 또는 평생 직장 개념이 이른바 정리 해고에 의해 바뀔 가능성이 높다. 이로 인해 종업원들이 가질 수 있는 고용 불안을 해소하는 방안으로 퇴직자들이 주축이 되는 분사화나 외주화를 고려해 볼 수 있다. 특히 우리 나라와 같이 창업 실패율이 높은 상황에서는 기업들이 이러한 구조 조정을 퇴직자들의 창업을 지원하고 성장 환경을 조성해 주는 방향으로 활용할 경우 기업의 유연성과 효율성이 제고될 뿐만 아니라 퇴직자들이 자신의 전문성을 살릴 수 있고 자신이 근무하던 기업으로부터 지원을 받음으로써 로열

티도 증대될 뿐만 아니라 기존의 종업원들에게도 비전을 제시해 줄 수 있는 효과를 얻을 수 있다. 다만 외주 기업이 실력 없이 친분만으로 기생하려고만 하는 경향을 방지하기 위해서는 철저한 사후 평가가 수반되어야 할 것이다.

한편 이러한 방안이 효과적으로 실행되기 위해서는 근로자 스스로 능력 향상을 위한 부단한 자기 개발 노력을 경주하여야 할 것이다. 이를 위해서는 직장에 대한 근로자의 인식도 바뀌어야 한다. 직장을 단순히 생계의 수단으로서만이 아닌 자신의 실력을 향상시켜 시장에서의 자신의 가치를 증대시킬 수 있는 터전으로까지 확대하여야 할 것이다.

그런 점에서 전통적인 연공서열제가 허물어지고 있는 것은 주목할 만한 현상이다. 글로벌라이제이션이라는 초유의 사태에서 파생된 경쟁의 자유화가 이런 전통을 허물고 있는 것이다. 연공서열제는 오늘날의 일본을 만든 비결로 인식되기도 했고, 아시아 다른 나라들이 모방해야 할 모델로까지 평가받은 바 있다. 그러나 일본에서도 이 전통은 허물어지고 있다. 그 사례들을 정리해 보면 다음과 같다.

최근 일본의 6대 기업 그룹 가운데 하나인 미쓰이 그룹의 핵심 기업인 미쓰이 물산과 전자·정보 통신 분야의 대기업인 후지쓰는 연공서열제를 완전히 폐지하고 능력주의 또는 실적주의 인사·임금 제도를 새로 도입·실시하겠다고 발표했다. 물론 능력과

제4장 변화를 읽으면 성공이 보인다

실적을 중시하는 제도가 일본에 처음으로 도입된 것은 아니다. 이미 몇 해 전부터 일부에서는 부분적으로 채택되어 왔다. 노무 행정연구소의 집계에 따르면 능력에 따라 급료를 결정하는 연봉제의 경우 전체 일본 기업의 20% 가량이 이미 시행하고 있다.

효율성을 높이기 위해 능력 본위의 경쟁 원리를 도입하는 것은 불가피한 일일지도 모른다. 일본의 경제 전문가들도 대체로 그 점은 인정한다. 그러나 경쟁 시대에 대응하기 위해 일본의 전통 기업 문화 그 자체마저 변혁함으로써 야기될 수 있는 다른 위기의 발생 가능성에 대해서도 미리 대비해야 한다는 주장 역시 강하다는 것은 한국에도 시사해 주는 점이 많다. 항상 긴장을 강요하는 경쟁만이 사회 발전의 유일한 원동력은 아니기 때문이다. 함께 사는 공생의 원리도 살리면서 경쟁하는 생태계의 자연 질서를 우리 인간이 배워 실천하는 지혜가 절실히 필요한 시대가 바로 글로벌 시대가 아닌가 싶다.

더 깊은 문제는 냉전 체제의 붕괴와 미국의 단독 지배 체제의 성립과 더불어 가속화되기 시작한 지구화 시대의 자유 경쟁만이 과연 우리 인간이 살아가는 유일한 삶의 방식인지, 또 그것이 미국화 또는 앵글로 색슨화는 아닌지, 혹은 자본주의의 새로운 위기를 알리는 신호는 아닌지를 곰곰이 따져 볼 필요가 있다는 데 있다. 글로벌 시대의 자유 경쟁은 사실 강자만이 살아남고 약자는 죽게 되는 정글의 야생 논리를 닮았기 때문이다. 세계의 경제학자와 사회학자들 사이에서는 글로벌 시대의 자유 경쟁이 사회를 양극 분화시켜 늘 긴장을 야기하고 있다는 지적이 나오고 있다. 벨기에 루뱅 대학교의 경제학자인 폴 그로 교수는 글로벌 시대에는 자본가, 기업, 비즈니스맨, 기능 노동자, 신축성 있게 활동하는 젊은 층이 이익 받는 계층이 되며 실업과 경영 파탄으로 직장을 잃는 단순 노동자, 사회적 약자와 고령자들은 이익을 받지 못하는 계층으로 분류된다고 지적하고, 이들 쌍방 간에는 반목이 생겨 정치적 위기로 발전할 가능성이 있다는 우려를 표명한 바 있다.

제4장 변화를 읽으면 성공이 보인다

집단 사고에서 벗어나라

냉전이 고조되고 있던 1961년 미국의 케네디 정부는 미국에 망명한 쿠바인 3천 명을 쿠바의 피그스 만에 상륙시켜 카스트로 정부를 전복시키려 했다. 그러나 상륙한 3천 명 대부분은 현장에서 사살되거나 체포되었다. 당시 각료 회의에 참석했던 안보 보좌관에 따르면, 상륙 지점과 집결지 간에 펼쳐져 있던 광활한 늪지가 고려되지 않는 등 문제가 많은 계획이었지만, 각료 회의에서 그 계획에 반대한 사람은 없었다고 한다.

집단 사고(Groupthink)란?

재니스(Janis)를 비롯한 학자들은 이런 엉터리 같은 계획이 아무런 반대 없이 실행된 것은 바로 집단 사고의 결과라고 주장하였다.

집단 사고란 의견의 일치를 이루어 내려는 유형·무형의 압력 때문에 비합리적인 의사 결정이 이루어지는 현상을 의미한다. 집단 사고는 기업에서도 의사 결정 과정과 관련해서 관심을 끌어 왔다. 특히 최고 경영자를 중심으로 한 경영진은 언제나 케네디 정부와 같은 실수를 저지를 수 있는 위험에 처해 있다.

집단 사고의 발생 원인은 크게 세 가지 차원에서 살펴볼 수 있다.

- 첫째, 의사 결정 집단이 강한 '우리(We) 의식'에 젖어 있을 수록 집단 사고의 발생 가능성은 높아진다. 우리 의식이 강한 집단일수록 만장일치의 환상 속에 집단의 결정에 동조하지 않는 의견이나 태도를 배척하는 경향이 있기 때문이다.
- 둘째, 권위주의적 리더가 존재할 때 집단 사고의 발생 가능성은 높아진다. 집단 구성원들은 권위주의적 리더가 선호하는 안에 대해서 반대하지 못하고 의사 결정 과정에서 소극적 태도를 취하기 쉽기 때문이다.
- 셋째, 집단 사고는 의사 결정의 중요도가 높을수록, 의사 결정을 해야 하는 시간적 제약이 심할수록 발생 가능성이 높아진다. 의사 결정을 해야 하는 사람들은 이런 스트레스가 심한 상황에서 다양한 의견을 수렴하고 체계적으로 평가하고 토론하는 과정을 기피하려는 경향이 있기 때문이다.

집단 사고의 대처 방안

집단 사고에 어떻게 대처하는가 하는 것은 때때로 기업의 운명을 좌우할 수도 있다. 특히 우리 나라의 기업들은 '인화'와 '단결'을 강조하고 이견의 표출이 부정적으로 취급되는 집단주의적 문화를 형성하고 있을 뿐만 아니라, 권위적인 리더십이 주로 발휘되는 체제를 갖추고 있다. 따라서 집단 사고의 위험이 높은 만큼 그에 대한 충분한 대비책이 강구되어야 할 것이다.

우선 집단 사고에 대처하기 위해서는 제안에 대한 자유로운 비판이 가능한 분위기를 조성하는 리더십이 필요하다.

이를 위해서 리더는 구성원들이 각자의 의견을 자유롭게 이야기할 수 있도록, 특정 의견에 대해 지나친 선호나 기대를 표시하지 말아야 한다. 그리고 리더는 이미 결정된 안을 가지고 구성원들의 의견을 떠 보지 말아야 한다.

둘째, 다각도에서 의사 결정의 질을 평가하는 제도적 장치가 마련되어야 한다. 제도적 장치의 예로는 한 명 이상의 구성원에게 건설적인 비판자(Devil's Advocate) 역할을 부여하거나, 전체 집단을 여러 하위 집단으로 나누어 토론하게 하거나, 의사 결정에 외부 인사를 참여하게 하는 것 등을 들 수 있다.

마지막으로 의사 결정 집단의 모든 구성원들이 집단 사고를 경계하도록 훈련되어야 한다. 이를 위해서는 집단 사고의 원인과 징후, 결과에 대해서 집단 구성원들이 숙지하도록 하고, 일단 결정이 내려지더라도 늘 다시 점검해서 생각해 보는 자세를 갖추도록 교육되어야 할 것이다.

제4장 변화를 읽으면 성공이 보인다

인력 관리의 4가지 포인트

구조 조정의 주요 형태

인력 구조 조정 방법은 '직무공유제'와 '재배치', '감원' 등 크게 3가지로 구분할 수 있다.

'직무공유제'는 말 그대로 일(Job)을 나누어 갖는 것(Sharing)으로, 하나의 직무를 두 사람 이상이 공유하도록 직무 공유자 간 근무 시간을 탄력적으로 조정하여 종업원당 임금을 감소시키고, 해고를 억제하는 제도이다. 이 제도는 주로 노동 시장의 유연성이 미국에 비해 상대적으로 떨어지는 유럽이나 일본에서 많이 사용되는 방식이다. 직무공유제를 도입하게 되면 업무 시간을 단축시켜 인건비를 절감할 수 있으며 환경 변화에 따른 노동력의 수요 변화에 탄력적으로 대응할 수 있다. 최근 우리 나라 기업에서 도입·시행하고 있는 무급휴가제, 잔업·특근 마일리지제, 순환휴무제 등은 모두 이 제도의 범주에 속한다고 말할 수 있다.

우리 나라처럼 노동 시장이 경직된 곳에서는 감원 없이 인건비 절감과 고용 안정을 동시에 이룰 수 있기 때문에 이는 매우 훌륭한 방법임에 틀림없다.

업무 효율화와 조직 재설계 등 합리적인 과정을 통해서 부가가치가 별로 없는 업무들이 제거되면 이에 따라 인력 구조 조정의 일환으로 잉여 인력을 보다 가치 있는 부문에 재배치하는 문제가 생긴다.

재배치는 기업의 장기적이고 체계적인 인력 구조 조정의 계획에 입각하여 기업의 일방적인 조치보다는 사원들의 의견 수렴 과정을 거쳐 실행되는 것이 중요하다. 또한 이때 재배치된 인력에 대해 새로운 직무에의 적응을 돕는 OJT(on-the-job training, 직장 내 훈련)나 기업 내 교육 훈련도 중요한 이슈가 된다.

감원은 경영자 측이 사업 구조 조정이나 경비 절감 등의 이유로 근로자를 해고하는 것으로, 일시 해고, 정리 해고, 명예 퇴직 등이 여기에 속한다. 감원은 주로 미국에서 사용하는 인력 구조 조정 방법이다. 만약 경영자 측에서 이 제도를 무차별적으로 사용할 경우 단기적으로는 인건비 절감을 통해 경쟁력을 회복할지 몰라도 장기적으로는 근로자들의 사기 저하 및 기업의 경쟁력 상실로 이어질 가능성이 높다.

일본 및 미국 기업의 인력 구조 조정 방법 비교

일본 기업의 인력 구조 조정 방법

실업 최소화 및 원가 절감을 목표로 단계적 접근법을 사용.

1단계 : 직무공유제를 주로 사용
· 근무 시간 단축(잔업, 근무일 수 등).
· 내부 직무 재배치.

2단계 : 신규직, 계약직, 임시직 인원을 축소
· 신규 채용 인원 감축 및 계약직 인원의 재계약, 임시직 축소.

3단계 : 감원은 마지막 수단으로 사용
· 타기업으로의 재배치 및 강제 해고
· 조기 퇴직 및 명예 퇴직.

미국 기업의 인력 구조 조정 방법

· 장기 전략 분석은 인력 감축이 아니라 기업 목표 달성에 초점을 두고 있음. 감원 대상 후보자를 사전에 식별할 수 있는 조기 경고 시스템 사용.
· 조직 구조 재설계는 가치가 낮은 업무의 제거 및 인력의 재배치에 초점을 두고 있음.
· 인력의 전환·재배치 시에는 경영의 투명성(솔직한 정보 공개, 피드백 시스템 등)이 확보되었다는 가정하에 참여 프로세스를 사용.
· 종업원의 요구가 있는 경우에만 제한적으로 직무공유제를 사용.
· 광범위한 재취업 지원 및 (재)교육 훈련 제도가 활성화되어 있음.

공통적인 주요 성공 포인트

· 인력 구조 조정은 철저한 사전 계획하에 점진적·단계적 접근법 사용.
· 지속적인 커뮤니케이션을 통해 종업원 의견을 충분히 반영.
· 갑작스러운 감원은 가능한 한 피하고 고부가 가치 업무에의 인력 재배치를 강조.
· 부정적 효과 최소화를 위해 (재)교육 프로그램 제공 및 정부의 적극적 지원.

직장인도 진짜 프로만이 살아남는다

연봉제와 성과급 도입의 가속화

IMF 체제로 기업들이 생존하기 위해서 인력 구조 조정은 필연적이다. 그러나 임금이나 고용 조정을 통한 인력 구조 조정은 기업 생존을 위한 소극적인 방안에 불과하다. 소극적인 대응만으로는 IMF 체제와 같은 대불황을 극복하기 어렵다. 따라서 보다 적극적으로 조직 구성원 한 사람 한 사람의 능력을 극대화하여 조직 성과를 이끌어 낼 수 있는 인력 관리 체제로의 전환이 과감하게 이루어져야 한다. 결국 성과주의로 표현될 수 있는 이러한 변화는 채용부터 퇴직까지 인력 관리 전반에 큰 변화를 몰고 올 것으로 예상된다.

정규직 사원의 비중이 줄고 근로자파견제 등을 통해 계약직 사원의 비중이 더욱 확대될 것이다. 프랑스의 경우 기업들이 채용에서부터 계약직이 차지하는 비율을 높이고 점진적으로 조기 정년, 즉 퇴직하기 몇 년 전부터 계약제로 전환시키는 방식을 도입하고 있다. 프랑스 정부는 정규직에서 계약직으로 전환하는 근로자의 임금 보전을 위해 소득세를 감면해 주고 있으며 계약직을 창출하는 기업에 대해서도 세금 공제의 형태로 인센티브를 주고 있다.

우리 나라 기업의 급여 구조는 현금 고정 급여 위주로 되어 있다. 기본급 이외에 근속 수당, 가족 수당, 교통 수당 등의 고정급

제4장 변화를 읽으면 성공이 보인다

성격의 각종 수당들이 많고, 지급 기준 역시 복잡하다. 상여금 역시 정기적으로 지급됨으로써 성과에 따른 변동 보상이라는 본래의 기능을 상실한 지 오래다.

이를 해결하기 위한 방안으로 연봉제 등 성과주의를 기반으로 하는 유연한 보상 시스템의 도입 및 구축이 가속화될 것이다.

우리 나라 직장인들이 기업에서 받는 총 급여 중 성과급이 차지하는 비중은 10% 이하로 매우 낮다. 반면 미국 등 선진 기업들의 경우에는 성과급의 비율이 우리 나라 기업들과는 비교도 안 될 정도로 높으며, 그 비율이 날로 커지는 추세이다. 따라서 향후에는 총 급여의 상당 부분을 성과급으로 지급할 것이다.

유연한 보상 시스템 도입 등 성과주의의 가속화가 진행된다면 공정하고 객관적인 평가 제도의 중요성이 더욱 커질 전망이다. 왜냐하면 평가 결과에 기초하여 보상이 이루어지기 때문이다. 그러나 현재 기업에서 실제 평가 제도가 운영되는 것을 살펴보면 잘한 사람과 못한 사람을 가려 내어 평가 대상의 순위 매김을 하기 위한 도구로만 인식되는 경향이 많다. 이는 어쩔 수 없는 상황이므로 감내할 각오를 해야 할 것이다.

채찍 대신 당근을

외환 위기 이후 경기 침체와 금융 불안으로 인해 국내 기업들의 연구 개발 활동이 크게 위축되고 있다. 기업들의 연구 개발 투자의 감축은 연구소 조직을 축소하고 연구 인력에 대한 보상을 줄이는 것으로 나타나고 있다.

인센티브 제도의 필요성

이러한 상황에서는 연구원들의 마음이 위축되고 사기가 떨어지기 쉬운데, 이는 연구 능률을 저해할 뿐만 아니라 핵심 연구 인력의 이직 의향을 부채질할 수 있다. 분명한 원칙과 방향 없이 연구소 조직이 축소되고 보상이 줄어든다면, 장래에 대한 위기감을 느낀 핵심 연구원들이 다른 경쟁 업체로 이직할 가능성이 높아지는 것이다.

연구 개발의 특성상 핵심 연구원의 이직은 바로 기업 경쟁력의 저하를 의미하기 때문에 기업 사정이 좋지 않다고 이를 가만히 방치할 수만은 없는 문제이다. 위기 상황일수록 위기의 극복을 위해서, 더 나아가 위기 이후의 도약을 위해서도 핵심 연구원들에 대한 특별 관리가 필요하다.

그러면 위기 상황에서 핵심 연구원들의 이직 의향을 줄이고 지속적으로 모티베이션시키기 위해서는 어떻게 해야 하는가? 이러한 관리 방안의 일환으로 생각해 볼 수 있는 것이 바로 그 동안 국내 기업들이 형식적으로 적용해 오던 인센티브 시스템을 연구소 특성에 맞게 재정립하는 것이다. 즉, 연구원들이 가장 선호하는 인센티브가 무엇인지에 대해서 구체적으로 파악한 후에 이에 맞게 인센티브 시스템을 도입하는 것이 필요하며, 샐러리맨들은 이러한 인센티브 시스템에 대해서 알아 두는 것이 자신의 몸값을 관리하는 데 많은 도움이 될 것이다.

인센티브 시스템이란 사전에 객관적인 성과 기준을 설정해 놓고, 사후 실제 성과 정도에 따라 그들이 원하는 유형의 보상을 변동적으로 제공함으로써, 구성원들의 성과 증대 노력을 유인하는 것이다.

이러한 인센티브 시스템은 크게 '기본급을 조정하는 연봉제', '실제 성과 정도에 따라 변동 지급하는 현금 보너스', '포상 성격의 특별 인센티브' 등 세 가지 요소로 구분할 수 있다.

인센티브 시스템의 종류와 활용

위의 세 가지 요소 중에서 단기적인 효과가 있으면서 연구 인력의 니즈(needs)를 가장 잘 만족시켜 줄 수 있는 방법은 '특별 인센티브'가 아닌가 싶다. 연구원들이 인센티브를 선호하는 이유는 무엇일까? 이는 연구원들이 갖는 특성과 밀접한 관계가 있다.

연구원들은 특정 부문에 대해 높은 수준의 교육을 받았기 때문에 자기가 전공하고 있는 분야에 대해서는 강한 자부심을 가지고 있다. 이러한 자부심은 자신이 담당하는 일 자체의 완성도 및 성공 체험을 통한 성장감을 갖는 데서 형성된다. 이들은 성공의 기준으로 같은 업계에 종사하는 동료 연구원들의 인정을 가장 중요하게 생각한다.

특별 인센티브가 이러한 욕구를 충족시켜 줄 수 있는 것은 금액 자체보다 파격적인 금액이 상징하는 내용 때문이다. 자기가 개발한 기술에 대한 보상으로 파격적인 금액을 받을 때 동료 연구원들의 부러움의 대상이 되고 자기가 성공하고 있다는 인식을 하게 되는 것이다.

특별 인센티브란 연구 개발 성과가 아주 우수하여 조직 성과에 지대한 공헌을 한 프로젝트팀이나 연구원에게 파격적인 보상을 제공하는 것을 의미한다. 제공되는 특별 인센티브의 형태는 회사마다 다양하지만, 요약하면 크게 금전적인 것과 비금전적인 것으로 구분할 수 있다. 금전적인 것으로는 특별 포상금의 지급, 기술 특허에 대한 로열티 공유, 연구자가 임의로 사용할 수 있는 연구 예산의 확충, 사내 벤처의 스톡 옵션(stock option)이나 이익의 공유(profit sharing) 등이 있다. 비금전적인 것으로는 노벨상 성격의 포상, 특별 기술자 그룹에의 참여, 안식년 제도, 연구 테마의 자유 설정, 연구 성과를 인정해 주기 위한 저녁 만찬 등이 있다.

그러면 특별 인센티브의 적용 대상을 어떻게 할 것인가 하는 문제에 대해 생각해 보자. 이때 중요한 포인트는 적용 대상에 대해 연구원들이 공감할 수 있도록 해야 한다는 것이다. 연구소 조직 단위 간 원활한 커뮤니케이션을 기반으로 연구원들이 회사 전체의 전략과 기준에 대해 충분히 이해를 한 후에, 특별 인센티브를 실시해야 연구원의 모티베이션이 강화될 수 있다. 이를 위해 두 가지 방법을 생각해 볼 수 있다.

첫째, 대원칙으로 조직 성과에 크게 기여한 프로젝트팀이나 연구원들을 대상으로 사후에 특별 인센티브를 제공하는 방법이다. 이 경우 상품 기획, 설계, 제품 개발, 공저 개발 등의 연구 개발 프로세스가 연속적으로 되어 있기 때문에 특별 인센티브 수혜 대상을 어느 선에서 정할지가 어려운 문제이다. 연구원들의 공감을 얻기 위해서는 대상 범위와 목표 달성 판단 기준에 대해서 사전에 분명하게 정해 놓는 것이 필요하다.

둘째, 사전에 기업의 생존에 중요한 전략적인 프로젝트를 선정하여 이 프로젝트가 성공했을 경우에 특별 인센티브를 제공하는 방법이다. 이 경우 연구원들의 공감을 얻어 내려면 기업의 전략에 일관성이 있어야 한다. 어떤 프로젝트가 전략적으로 중요한 것인가에 대한 객관적이고 납득할 만한 근거를 가지고 구성원들과 컨센서스를 형성해 나가는 노력도 병행되어야 한다.

컨센서스를 형성하는 한 가지 방법은 기회의 균등을 확보하는 것이다. 즉, 전략적으로 중요한 프로젝트에 참여할 기회를 연구원들에게 균등하게 부여하는 것이다. 능력이 비슷한 연구원들을 톱다운(Top-down) 방식에 따라 임의로 배치시킨다면 운좋게 중요한 프로젝트에 참여한 연구원과 그렇지 못한 연구원 사이에는 기회의 불균등이 존재하게 되며, 이로 인해 특별 인센티브의 효과는 반감될 것이다.

이를 방지하기 위해서 조브 포스팅(Job posting) 제도의 활성화를 인력 배분의 대안으로 생각해 볼 수 있다. 즉, 담당 연구 분야에 대한 풍부한 식견과 전문 지식을 가진 팀장을 먼저 임명하고, 그에게 필요 인력을 공모하여 선발하도록 하는 것이다. 그럼으로써 기회를 공평하게 주되, 선발 기준을 엄격하게 적용하여 선발된 연구원에게는 선발 그 자체만으로도 모티베이션의 효과를 얻을 수 있도록 한다.

움츠린 개구리가 멀리 뛴다

몸값을 높이려면 전문성을 길러라

전문성의 진짜 의미

대다수의 사람들은 '저는 이러이러한 일을 쭉 해왔습니다'라는 식으로 아주 자연스럽게 자신의 전문성을 표현한다. 그런데 어떤 일을 '쭉 해왔다'는 것이 과연 전문성을 나타내는 표현일까?

예를 들어 경리 업무를 생각해 보자.

대기업에는 경리를 담당하는 사람이 여러 명 있을 수 있다. 지출을 담당하는 사람, 입금을 담당하는 사람, 돈과 직접 관련이 없는 총괄 사무 처리 담당자 등 업무가 세분화되어 있는 경우가 많은 것이다. 그렇다면 이런 일 중의 하나만 '쭉 해오던' 사람이 재취업을 위해 중소기업에 들어간다면 과연 그는 경리 업무 전반을 할 수 있을 것인가? 아마 그렇지 못할 것이다. 왜냐하면, 그는 자신이 맡은 지극히 세분화된 일에 대해서는 잘 알고 있을지 몰라도 감가상각 계산, 확정신고서 개입, 세무서 조사 입회, 기말 계정 과목 조정 대체 등과 같은 모든 업무를 다 알고 있는 것은 아닐 것이기 때문이다. 따라서 어떤 일을 쭉 해왔다는 것이 전문 성을 길렀다는 표현은 아니라는 점을 알 수 있을 것이다. 그러므 로 그냥 막연히 '경리 전문가'라고 말하기보다는 경리 중에서 어 떠어떠한 것만 오래 해온 사람이라고 말해야 정확한 표현이 되 겠다.

한 회사의 경리 업무에서도 이처럼 분야에 따라 일이 세분화 되어 있다면 업종이 다른 경우에는 경리 업무의 종류도 크게 달 라진다는 걸 알아야 한다. 차량 회사의 예를 들어 보자. 차량이 라 해도 보통 트럭과 특장차는 각각 상각률이 다르므로 상각 계 산도 다르다. 어떤 방법을 채택해야 할지 고민해야 하는 것이다. 따라서 보통 트럭만 운용하는 곳에서 일해 온 사람은 특장차에 대한 경리 업무는 모르기 십상이다.

은행에서 사용하는 온라인 시스템을 설계하는 프로그래머는 컴퓨터에 관한 모든 것을 알고 있을 것 같지만 사실 그들은 퍼스 널 컴퓨터에 대해서는 잘 모른다. 은행에서 사용하는 컴퓨터의 운영 체제는 퍼스널 컴퓨터의 그것과는 다르기 때문이다. 그러므 로 만약 은행에서 오랫동안 일해 온 사람이 은행을 퇴직하고 컴 퓨터 운용 경험을 살려 컴퓨터 방문 교육 일을 한다는 것은 상상

할 수도 없다. 컴퓨터 방문 교육은 퍼스널 컴퓨터의 운영 체제부터 PC 통신, 인터넷, 심지어는 그래픽 프로그램에 이르기까지 다양한 것들을 구사할 능력을 갖춘 사람이 아니면 할 수 없다. 따라서 그 사람은 은행이라는 조직 밖에서는 전혀 쓸모없는 전문성만을 가지고 있는 셈이다. 은행 밖에서 그런 시스템을 쓰는 일은 거의 없기 때문이다.

이제 당신은 한 가지 일을 오랜 세월 동안 해왔다고 해서 그 분야의 전문가라 자신 있게 말할 수 없다는 걸 알았을 것이다. 그렇다면 이런 세분화된 전문성을 피하면서, 즉 제너럴리스트이면서 동시에 스페셜리스트이려면 어떻게 해야 할 것인가? 다른 방법이 없다. 그저 부지런해지는 수밖에.

전문성 습득시 유의할 점

'능력 부가 가치를 만들기 위한 자기 시간'을 가지고 지금의 회사에서 또는 과거에 일했던 회사에서 익힌 전공 업무를 확대하는 것만이 최상의 방법이다.

구체적으로는 다음과 같은 단계를 취할 수 있을 것이다.

1. 자신이 지금 하고 있는 일 또는 과거에 했던 일이 지나치게 세분화된 건 아닌지 확인한다. 같은 업무 분야 안에서도 잘

모르고 있는 것이 있다면 지나치게 세분화된 것임에 틀림없
다.

2. 개론 수준부터 시작해서 타분야까지 심화 학습을 할 계획을
   세운다.

3. 전문 분야 확대를 위한 자기 시간을 계획하고 날마다 실천한
   다.

위의 세 단계 중에서 가장 어려운 것은 세 번째 '날마다 실천
한다'이다. 많은 핑계가 당신의 발목을 잡을 것이다. 그러나 그
핑계가 당신의 미래를 팽개칠 수도 있다.

전문가가 되기 위해 '날마다 실천'하기로 마음먹은 다음 당신
은 전문 강좌를 찾게 된다. 그러나 뭐든 배우면 되겠지 하는 생
각을 가지고 덤벼들어서는 안 된다. 뭐든지 할 수 있다는 생각은
자신감의 표현일 수는 있지만 실제로 일을 하는 데에는 별로 도
움이 되지 않는 생각이기도 하다. 실직자에게는 실패로부터 배울
여유가 없다. 따라서 인기 있는 강좌라 해서 반드시 돈이 된다는
보장이 없다는 것을 염두에 두고 뭘 배울지를 결정해야 한다.

경제난으로 실직자가 늘면서 취직을 위해 컴퓨터와 정보 통신
학원을 기웃거리는 이들이 늘고 있다. 정보 통신업계의 취업문이
상대적으로 넓고, 컴퓨터와 인터넷 이용법 등을 배워 두면 다른
기업에 취직할 때도 도움이 될 것이란 기대 때문이다. 그러나 이

사람들이 반드시 염두에 두어야 할 것이 있다. 그것은 바로 '인기 있는 것'과 '도움이 되는 것'을 구별해야 한다는 점이다.

컴퓨터와 정보 통신 기술을 제대로 배우고 취직까지 하려면 교육 기관과 교육 과정을 잘 골라야 한다. 막연히 정보 통신업계의 취업문이 넓을 것이라는 생각을 해서는 안 된다. 구제 금융은 경제 전반에 영향을 끼치는 사태이기 때문에 정보 통신업계도 그 영향력에서 예외는 아니며, 그 분야는 다른 분야에 비해서 상대적으로 순환 속도가 빠르기 때문에 새로운 것이라 해도 금방 낡은 것이 되기 쉽다. 따라서 지금 당장 인기가 있는 것을 배우면 그것을 다 배운 다음에는 별로 쓸모없는 것이 될 가능성이 높다. 쓸모없는 것이라도 취미 삼아 배운다고 생각하면 나쁠 건 없다. 그러나 취미 삼아 뭘 배우는 것 자체가 어이없는 행위로 비칠 수 있는 세상이라는 걸 명심하자. 게다가 그 취미를 위해 돈을 200~300만 원 정도 버리게 된다면 그것은 악취미가 아닐 수 없다.

정보 통신 교육은 전산직에 취직까지 할 수 있는 전문가 과정과 컴퓨터 사용법과 통신, 인터넷 이용법 등을 배우는 정보화 과정으로 나뉜다. 전문가 과정은 대개 3~6개월 단위로 운영되며, 수강료는 200~300만 원 가량 된다. 이것은 돈과 시간을 투자해서 배워 둘 만한 가치가 있다.

그러나 정보화 과정을 수강하는 것은 재취업에 거의 도움이

제5장 움츠린 개구리가 멀리 뛴다

되지 않는다. 정보화 과정에서 가르치는 것은 요즘엔 거의 상식에 속하는 것이기 때문에 '인터넷만 할 줄 알면…'이라는 생각에서 정보화 과정에 등록해 보았자, 남는 게 거의 없다는 걸 명심해야 한다. 이 점은 컴퓨터 그래픽에도 마찬가지로 해당된다. 한때는 그 분야가 인력 부족이라는 말이 나돌 정도여서 학원에서 일정 기간만 배우면 곧바로 취직이 되었다. 그러나 이제는 그 분야의 전문 인력이 남아도는 상황이기 때문에 예전에 취직이 잘 되었으니까 여전히 잘 되겠지 하는 막연한 예상만 가지고 배우기 시작하면 그저 취미로 할 만하다는 결론만 얻고 말 것이다.

자격증 자체가 목표가 아니다

전문적인 것을 배워서 프리랜서가 되면 시간을 자유롭게 쓸 수 있다는 환상을 가진 사람도 많다. 그러나 프리랜서로 활동하기 위해서는 전문 분야에서 최소한 3년 이상의 경력이 있어야 한다. 한국프리랜서그룹에 등록한 사람은 4천여 명이다. 이 중 45%는 지금까지 단 한 건도 일거리를 받지 못했다. 50만 원 이하의 저수입자가 25%, 따라서 70%는 사실상 실업자와 마찬가지인 셈이다. 100~200만 원의 보수라도 받는 사람은 고작 500명 수준이다. 프리랜서는 아무나 하는 것이 아니다. 그것도 이제부터 뭔가를 배워서 하려는 사람은 일찌감치 꿈을 깨는 것이 좋다.

직장인도 진짜 프로만이 살아남는다

신문의 구인구직란을 자세히 살펴보라. 어떤 직종은 사람을 구하는 경우가 많고 어떤 직종은 직장을 구하는 사람이 많다는 것을 알 수 있다. 이런 간단한 관찰로부터 무엇을 알 수 있는가? 자격증을 따더라도 뭔가를 알고 따야 한다는 것이다. 사람은 넘치는데 직장은 없는 자격증은 따 보았자 말짱 헛것이다.

자격은 취득했지만 이를 살리지 못하고 단순한 종이 쪼가리에 지나지 않는 자격증을 소지한 사람이 증가하고 있는 현실을 보라. 단순히 '뭐든 좋으니까, 자격만 따 두면 그것만으로 재취업에 유리하다'는 말은 하나마나한 말이다. 어떤 직종은 자격증을 따 보아야 아무 소용 없다는 사실 또한 조언하고 싶다.

자격증을 따려는 사람들은 대개 '어쨌든 자격만 가지고 있으면 언젠가 도움이 될 것이다'라는 동기에서 시작하는 경우가 많다. 그러나 그런 마음가짐은 복권에 당첨되기를 기다리는 것과 별로 다르지 않다. 어쩌다 신문에서 복권에 당첨된 사람에 관한 기사를 볼 수 있지만 그 주인공이 자신이 될 가능성은 거의 없다는 것을 모르는 사람은 없을 것이다.

자격증을 따려면 먼저 목표가 정해져 있어야 한다. 그러니까 뭐든 따 두고 보자는 것에서 시작하는 것이 아니라 '목표로 삼고 있는 일을 하려면 이러이러한 자격증이 필요하니까 그걸 위해서 자격증을 딴다'는 방식으로 시작해야 한다는 것이다. 자격증 취득 그 자체가 목표라면 그것은 '데드 라이선스'로 끝나고 만다.

또한 자격증을 따려면 어설프게 도전할 것이 아니라 인증받을 수 있는 자격증 취득에 도전해야 한다. 실직자를 현혹시키는 자격증 강좌는 우후죽순처럼 늘어나고 있다. '단 2개월에 취업까지 가능', '새로운 시대의 새로운 자격증, 단 6개월' 이런 식의 선전 문구를 많이 접했을 것이다. 물론 그런 강좌가 무조건 나쁘다는 건 아니다. 그러나 그렇게 간단하게 딸 수 있는 자격이 과연 얼마나 오래 갈 것인지 한번 생각해 보아야 하지 않을까? 쉽게 딸 수 있는 것은 금방 쓸모없어질 가능성이 높다.

실직자는 지푸라기라도 잡는 심정으로 '취업 보장'이라든지, '단기간'이라는 말에 현혹되어 그나마 없는 돈을 이상한 자격증 취득에 쏟아부을지도 모른다. 그 대표적인 사례가 병아리 감별사 사기 사건이다. 이제는 아무도 찾는 이 없는 병아리 감별사 자격증을 따기 위해 많은 사람들이 등록을 했었다. 꽃꽂이 지도사도 마찬가지이다. 그런데 그런 사기를 통해 장사를 하는 사람도 문제지만 결코 적지 않은 돈으로 수강 등록을 한 사람에게도 문제가 있다. 어떤 자격을 따기 위해서 학원에 등록하려면 적어도 그 자격증 소지자의 수급 상황이 어떠한지, 그 직종 자체가 여전히 유효한 것인지, 앞으로 몇 년 정도 그 자격이 유지될 수 있는지 등을 알아보았어야 했다. 조금만 폭넓게 조사를 했더라면 돈을 날리는 일은 피할 수 있었다는 말이다.

불과 1년 전만 해도 괜찮았으나 지금은 별 볼일 없어진 자격증이 무엇인지 살펴볼 필요가 있는 것이다. 직업에 귀천이 없듯이 자격증도 그 자체에는 귀천이 없다. 그러나 당신에게 중요한 것은 귀천이 아니라 돈이 되느냐 안 되느냐이다. 그것도 지금 당장 돈이 되는가, 안 되는가이며, 또는 앞으로 적어도 몇 년 동안 돈이 되느냐 안 되느냐이다.

돈 되는 자격증, 돈 안 되는 자격증

많은 자격증 중에서 돈이 되는 것과 안 되는 것들을 살펴보면 다음과 같다.

- 비파괴 검사 기사

꾸준히 인기를 얻고 있는 자격증이다. 여전히 돈이 된다.

- 소방 설비 기사, 고압 가스 기능사

자격증을 따 두어서 나쁠 것은 없다. 그러나 관련 법규가 바뀌었다는 점을 염두에 둘 필요가 있다.

- 전기 공사 기사, 자동차 검사 기능사

마찬가지로 도움이 되는 자격증이다.

- 캐드, 워드프로세서, 정보 처리 기사 등 컴퓨터 관련 자격증

돈이 된다는 소문만 무성한 자격증이다. 현시점에서 투자하는 건 돈과 시간의 낭비일 뿐이다. 당신이 이 분야의 초심자라면 아

제5장 움츠린 개구리가 멀리 뛴다

예 손댈 생각조차 하지 말아야 한다. 대학에서 그걸 배우고 나온 사람들도 놀고 있다는 것을 명심하라. 요즘같이 컴퓨터가 보편화된 세상에 워드프로세서 기능 자격증이 무슨 소용 있단 말인가. 마치 글쓰기 자격증을 따는 것과 마찬가지다.

• 건축, 토목 관련 자격증

거의 모든 분야의 자격증이 새롭게 시작하고자 하는 사람에게는 필요치 않다. 이미 자격증을 가진 사람들이 많다. 자격증도 가지고 있고 경력도 충분한 그들도 취업을 못 하고 있는데 이제 막 배운 당신이 거기에 끼여들어서 뭘 하겠다는 건가.

• 환경 기사

환경 기사는 아직 드물다. 도전해 보라.

• 귀금속, 보석 가공 기능사

아직도 유효하다.

• 공인 노무사, 감정 평가사, 세무사, 공인 회계사, 변리사

좋은 자격증임은 새삼 말할 필요가 없다. 그러나 많은 시간과 노력을 투자해야 한다는 것을 알아 두어야 할 것이다. 쉽게 딸 수 없기에 쉽사리 쓸모가 없어지지 않는 자격증임은 당연하다.

새 시대의 무기 '국제 공인 자격증'

미국 공인 회계사(AICPA)

미국 공인 회계사는 회계, 감사, 세무, 경영 컨설팅 등 한국의 공인 회계사와 비슷한 일을 한다. 외국 투자 법인의 경영 관련 업무 등 그 영역이 매우 넓은 편인데 현재 국내에서 이 자격증을 보유하고 있는 사람은 4백 명쯤 된다.

시험 응시 자격은 주별로 약간씩 다르지만 대부분 전공을 불문하고 4년제 대학에서 배운 회계학, 경영학 관련 이수 학점이 총 35점을 넘는 졸업생이나 2학년 이상 재학생이다. 따라서 경상 대학 졸업자들은 대부분 자격이 있으며 해당 학점이 부족한 사람이나 비전공자는 대학에서 추가로 확보하거나 학원 등을 통하면 가능하다.

시험은 매년 5월과 11월, 1년에 2회에 걸쳐 미국 각 주에서 시행되며 재무 회계(FARE), 상법(LPR), 회계 감사(AUDIT), 특수 회계(ARE)의 4과목에 응시하여 100점 만점에 각각 75점 이상을 획득하면 합격하는 절대평가제이다. 한 번 시험에 4과목 전부 통과하지 못하더라도 2과목 이상이 75점 이상이면 부분 합격이 인정되어 다음 시험(보통 유예 기간 6회)에는 통과하지 못한 과목만 응시하면 된다.

이와 같은 시험 제도의 성격으로 인해 합격률이 5% 내외에 불과한 우리 나라 시험과는 달리 전체 합격률이 20~30%로 국내 시험보다 합격하기가 용이하다.

미국 공인 회계사 시험은 미국에서 행해지며 미국인과 똑같은 조건에서 영어로 치러야 하므로 한국인의 경우 어느 정도 불이익을 안고 경쟁해야 한다는 부담감이 있다. 그러나 시험 자체가 절대 평가인 것, 자격 취득 후에는 삼일, 산동 등 국내 유명 회계 법인에 취직하는 경우가 많고 전문가로서 연봉 3천만 원 이상의 좋은 대우를 받을 수 있다는 것이 큰 매력으로 작용한다. 미국 공인 회계사 자격증 전문 교육 기관은 국제회계학원(02-745-3445)과 한국회계학원(02-3471-8587) 등 두 곳이다.

한국회계학원의 경우 미국 공인 회계사 4과목을 세분화하여 모두 12과목으로 나누어 강의하고 있다. 한 과목이 2개월 과정으로 주 2회 3시간이다. 따라서 한 학기에 2과목을 들을 경우 12과목을 이수하는 데 소요되는 시간은 보통 1년이 된다. 과목당 수

강료는 50만 원 정도. 시험 응시료(1백30달러)와 왕복 비행료를 포함하면 자격증을 취득하는 데만 보통 800여만 원이 소요된다.

선물 거래 중개사(AP)

선물 거래 중개사는 첨단 직업이므로 국제 경제, 경영학, 재무 관리 등에 대한 광범위한 지식을 이해하고 활용할 수 있어야 하며, 기민한 판단력과 국제 정세에 민감할 수 있는 능력과 수리, 어학 능력도 더불어 갖추고 있어야 한다. 미국 선물 거래 전문가가 되기 위해서는 미국 선물업협회가 주관, 현재 국내에서 위탁 시행하는 외국의 선물 거래 중개사 시험에 합격해야 한다. 시험은 연간 7회 정도 시행된다. 시험은 객관식으로 선물 거래 이론 및 실무(85문항), 선물 거래 제도 및 법규(35문항) 2과목이며 과목별 70점 이상이면 취득이 가능하다. 응시 자격 제한은 없으며 문제는 모두 영어로 출제되는데 고등학교 이상의 영어 수준이면 해석이 가능하다. 시험은 선진선물컨설팅에서 대행한다.

선물 거래 중개사에 대한 교육은 선진선물컨설팅과 한국선물 거래사 연수원 등에서 이루어지고 있다. 교육 과정은 선진선물컨설팅의 경우 한 달 과정으로 주 2회(1회 3시간)씩 4주 동안 총 8회이다. 이곳에서는 매달 수시 접수를 받으며 재수강도 무료로 진행되고 있다고 한다.

한국선물거래사 연수원 역시 선물 거래 중개사 교육을 진행하고 있는데 우선 선물 정보지, 세미나 녹음 테이프 우송 등으로 선물에 대한 기초를 교육한 뒤 과정 종료 전 한 달 동안 주 1회 (2시간) 총 4회의 강의를 진행한다. 이 연수원의 경우 국내에서 선물을 다룰 수 있는 투자 상담사 시험 준비도 돕고 있다. 두 학원의 경우 수료자 중 절반 정도가 선물 거래 중개사 시험에 합격할 정도로 시험이 비교적 쉬운 편이다. 전공자는 3개월 정도, 비전공자라도 4~5개월 정도의 준비만으로 자격증 취득이 가능하다. 수강료는 교재비를 포함해서 35만 원 정도이다.

재무 분석사(CFA)

재무 분석사는 국내의 증권 분석사와 비슷하다. 증권 분석사 자격증은 국가 공인 자격증이 아닌 데다 자격증을 취득해도 일부 금융 기관에서만 수당을 지급하는 등 별다른 혜택이 없었던 게 사실이다.

1963년 미국에서 공인증권분석사협회가 설립된 후 1만 5천여 명 이상이 이 자격증을 취득했는데, 우리 나라에서 이 자격증을 취득하고 있는 사람은 극소수이다. 시험 규정은 학사 학위 이상 소지자나 이와 동등한 전문 직업 경험이 있는 자로서, 투자 원칙·응용 재무 분석·투자 관리 등의 3차 시험으로 나누어지며 이를 모두 통과해야만 자격증이 주어진다. 시험은 1차에서 3차까지 나눠 실시되는데 우리 나라에서는 선진선물컨설팅이 1차 시험(객관식)을 위한 3개월 교육 과정을 운영 중에 있다.

마이크로소프트 공인 자격증 (MCP)

흔히 MCP(Microsoft Certified Professional)로 알려져 있는 마이크로소프트의 공인 자격증 제도는 시스템 엔지니어로서 자격을 부여하는 MCSE와 솔루션 및 프로그램 개발 자격을 부여하는 MCSD, MS의 한 가지 제품의 전문가를 의미하는 MCPS, 마이크로소프트의 공식 커리큘럼을 강의할 수 있는 자격을 부여하는 MCT로 나누어진다.

MCSE(Microsoft Certified Systems Engineers)는 마이크로소프트의 윈도즈 NT 및 관련 제품을 구현 유지할 수 있는 기술자로서 4개의 그룹마다 각각 한 과목의 테스트에 합격하고 선택 과목 중 2과목에 합격해야 한다. 주로 NT 위주의 네트워크 관리에 대한 자격을 부여받는다.

MCSD(Microsoft Certified Solution Developers)는 마이크로소프트의 오피스를 포함한 각종 개발 도구 및 기술을 사용하여 사용자의 요구에 맞는 업무용 솔루션을 디자인 및 개발할 수 있는 자격증을 부여받는다. 필수 2과목과 선택 과목 중 2과목에 합격해

제5장 움츠린 개구리가 멀리 뛴다

야 한다.

MCPS(Microsoft Certified Products Specialists)는 마이크로소프트 데스크탑 사용자들을 위해 설치, 구성 및 기술 지원을 할 수 있는 자격을 부여하는 것이며 MCSD & MCSE 자격 취득 시험의 OS 한 과목에 합격한 경우 자동적으로 MCPS로 인정받는다. 필수 1과목에 합격하면 자격증은 취득되며, 만일 선택 과목 시험에 합격했을 경우 해당 제품의 전문가로서 자격증을 추가로 받을 수 있다.

MCT(Microsoft Certified Trainers)는 마이크로소프트 솔루션 프로바이더 전문 교육 기관(SP-ATEC)에서 마이크로소프트 공식 커리큘럼을 강의할 수 있는 마이크로소프트 교육 및 기술 지식에 대한 자격을 부여하는 것이다. MCT를 희망하는 경우는 일반적으로 해당 과목 1과목에 합격하면 된다. 그러나 MS SQL 관련 과목 등 과목에 따라 선수 취득 조건이 있는 경우도 있다.

공인 정보 시스템 감사인(CISA)

CISA(Certified Information Systems Auditor), 즉 공인 정보 시스템 감사인은 미국에 소재하는 정보시스템감사통제협회(ISACA)에서 부여하는 정보 시스템 감사 분야 세계 유일의 공인 자격 제도이다. 공인 정보 시스템 감사인은 컴퓨터 시스템을 악용한 각종 정보 처리 행위와 이를 통해 획득한 정보와 데이터가 목적에 맞게 쓰였나를 확인하는 역할을 한다. 회계와 전산 두 부분의 전문 지식이 요구되기 때문에 전산 분야의 공인 회계사로 불리기도 한다.

시험은 토익이나 토플처럼 시험 시행 대행 기관이 매년 1회 실시한다. 5년 간의 정보 시스템 실무 경력이 요구되는데 4년제 대졸자는 2년이 대치되고, 회계 감사나 정보 처리 분야의 실무 경력이 1년까지 인정되므로 정보 시스템 감사 경력이 2년만 있으면 시험 자격이 부여된다.

좀더 자세한 사항은 인터넷 http://ISACA.or.kr과 http://ISACA.com에서 볼 수 있다.

외국의 유망 직종이 한국의 유망 직종?

현실을 직시하자

직업에 관한 정보에서 가장 흔히 접할 수 있는 것이 미래의 유망 직종이나 외국의 유망 직종에 관한 것이다. 선진국에서 유망한 것은 곧 우리 나라에서도 유망할 것이라는 막연한 짐작 때문에 사람들은 그것에 관한 정보를 모으고 관련 자격증을 따 두려고 한다. 얼핏 생각하기에는 그럴 것도 같지만 여기에는 한 가지 유의할 점이 있다. 분업은 이미 세계적인 차원으로 진행되고 있기 때문에 선진국에서 유망한 것이 몇 년 지나 우리 나라에서도 유망해지는 것은 아니라는 점이다. 선진국이기 때문에 유망한 것도 있다. 다시 말해서 우리 나라가 갖고 있지 못한 선진국만의 기반이 있기 때문에 유망할 따름이다. 우리 나라는 선진국이 갖춘 기반을 갖추지도 못했고 또 당분간 그러한 기반을 갖출 가능성도 거의 없으므로 유망한 것이 들어올 여지가 별로 없다. 어쩌면 영원히 선진국의 하청 국가로 머물지도 모른다.

우리 나라의 산업 구조가 미국 등 선진국처럼 급속도로 고도화되고 있지 않느냐는 반론이 있을 수도 있다. 그러나 고도화라는 건 그렇게 간단하게 이루어지지 않는다. 이른바 지식 산업이 활기를 띨 것이라는 말이 떠돌고 있기는 하지만 우리 나라가 가진 지식 기반은 선진국에 비하면 거의 밑바닥 수준이기 때문에 고도화가 금방 이루어지지 않는다는 말이다. 누구나 알고 있듯이 세계 수준의 지식 기반을 쌓는다는 것은 하루 아침에 이루어지지 않는다. 미국에서 유명세를 떨치고 있는 교포 출신의 과학자 몇 명을 증거로 들먹일 일이 아니다. 엄밀히 말해서 그들은 미국 사람이지 우리 나라 사람이 아니다. 우리 나라에서는 고급 인력이라 간주되는 사람이 선진국은커녕 우리가 우습게 아는 제3세계 국가의 고급 인력만도 못한 것이 차가운 현실이다. 이는 우리 나라에서는 고급 인력이었던 사람들이 선진국으로 이민 가서는 대부분 세탁소나 편의점밖에 하지 못하는 사실에서 단적으로 증명된다. 우리 나라에서 최고급 인력을 길러 낸다고 하는 이른바 명문 대학에 유학 오는 외국 학생이 없는 걸 보아도 이 점을 알 수 있다.

그렇다면 과연 선진국의 직업 정보에서 우리가 배울 것은 전혀 없는가? 그렇지는 않다. 단 선진국의 유망 직종은 아니다. 선진국에서 유망하지 않은 직종이 우리가 해볼 만한 직종이라는 것이다. 재취업은 한 사회 안에서의 눈높이만 낮추어서는 안 되고 세계적인 차원에서의 눈높이도 낮추어야 가능한 법이다.

신문을 보라. 보되 선진국에서 사라져 가는 직종을 눈여겨보라. 선진국의 유망 직종은 선진국에서 태어나지 않은 사람에게는 그림의 떡일 뿐이다. 문자 그대로 남의 나라 일이다.

눈여겨볼 만한 외국의 유망 직종

외국의 유망 직종이 대부분 우리 나라와는 관계없는 것이기는 하지만 더러 유망한 것도 있다. 그 중 하나가 프랜차이즈 산업이다. 물론 아이템이 적절해야 함은 당연하다. 프랜차이즈 산업은 유망 소규모 자영업으로 부각되고 있기는 하지만 기본적으로는 효율적인 유통 구조를 전제해야 한다는 점에서 아직 우리 나라에서는 걸음마 단계에 있다고 할 수 있다. 그러나 현재 우리 나라의 유통업계가 대규모 지각 변동을 겪고 있어서 앞으로의 전망은 괜찮다고 할 수 있다. 그 징후는 바로 국내 진출 외국계 유통 기업들이 지금을 호기로 판단하고 있다는 데 있다. 지금까지 자금 조달상의 우위를 강점으로 하여 발빠른 출점으로 시장을 선도해 왔던 외국계 기업들이 고환율과 부동산 가격 하락으로 투자 여건이 더욱 개선되고 있어 다점포화 추진을 더욱 가속화

할 것으로 예상된다. 따라서 자금난과 고금리에 시달리는 국내 기업들이 강력한 자본력과 상품 공급력을 갖춘 외국 유통 대기업에 맞서기에는 역부족일 것으로 판단된다. 특히 지방 상권은 현재 공동화 상태에 있다.

이런 상황에서 외국 대형 할인점의 경우 올해 일자리가 쏟아질 전망이다. 한국까르푸와 한국마크로는 국내에 진출한 지 얼마 되지 않아서 하나의 신설 점포를 열 경우 세 자리 숫자의 인력 충원이 있을 것으로 보인다. 한국까르푸는 올해 매장 증설을 통해서 약 2천 명의 새로운 일자리를 창출할 것으로 보인다. 까르푸는 지난 2월 인천점을 오픈했으며 연내에 분당점(11월)과 안양점(11월) 등 5개의 점포를 개점할 계획이다. 이 기업은 각 점포당 대략 4백 명씩을 채용할 계획이며 점포가 있는 지역 출신을 우선 채용할 방침이다.

이러한 상황에서 소비 심리가 위축된 소비자에 초점을 맞춘 프랜차이즈 사업은 좋은 아이템이다. 요즘 우리 나라에서도 서서히 사업성을 인정받고 있는 식료품 할인점, 리사이클 숍(재활용품 전문점) 등은 1990년대 초 미국에서 유행했다. 일본의 대표적인 리사이클 숍인 (주)생활창고는 일본 전역에 110여 개의 체인점을 운영하며 호황을 누리고 있다. 여기서는 장난감, 레코드, 스포츠 용품, 전자 제품 등 2천여 가지의 품목을 취급하고 있다. 프랜차이즈 사업의 경우 다양한 품목을 구비하는 것은 물론이고 제품의 질 또한 균일해야 할 것이다.

중고차 대여업을 하는 미국의 '렌트 어 렉'도 시사점을 주는 아이템이다. 렌트 비용이 파격적으로 싼 낡은 자동차를 대여하는 이 사업은 미국 전역에 410개의 프랜차이즈를 확보하고 있을 정도로 인기를 끌고 있다. 비용 절감의 필요성을 절실히 느끼고 있는 개인 사업자들을 고객으로 확보할 수 있을 것이다.

불황기에는 스트레스가 쌓이는 것도 당연한 사회 현상이니만큼 스트레스 해소업도 괜찮은 아이템이다. 뉴욕의 웨스트 브로드웨이에 있는 '아베이다 살롱 & 스파'는 간단한 마사지와 아로마 테라피로 피로에 지친 사람들에게 안식을 주고 있다. 이곳은 하루 종일 컴퓨터와 격무에 시달리는 직장인의 휴식처 역할을 하고 있다. 입지를 잘 선정하는 것이 중요하겠다. 주택가에 휴식 공간을 차려서 장사가 될 리는 만무할 테니까.

인터넷 및 PC 통신 취업 정보

사이트·통신	주소·명령어
직업 전문가 이병철의 취업/창업 교실	http://myhome.netsgo.com/jobresearch
인포유의 취업 및 창업 정보 무료 제공	http://www.infoyou.co.kr
취업 전문 센터	http://users.unitel.co.kr/~korea56/job.html
해외 취업 알선—헤드헌팅	http://www.co—opsearch.co.kr
인포엠 취업 정보 센터	http://www.whitejob.co.kr
캐나다, 호주 취업 희망자 모집	http://ps.co.kr
BIZ BANK 취업 정보	http://www.bizbank.co.kr
블롱스 인터내셔널 그룹(해외 취업 및 번역자 등록)	http://job.brongs.co.kr
정보 통신 전문 취업 인력 센터	http://projob.synergy.co.kr
창업 & 취업 정보 센터	http://www.worknet.co.kr
취업 뱅크	http://www.touch.co.kr/jobbank/
취업 사이트	http://oxen.konkuk.ac.kr/~bigthree/
취업을 원합니다	http://furture.hypermart.net
취업 정보 Jobbank	http://jobbank.co.kr/
취업 정보. 구인 구직 등록 신청	http://soback.kornet.nm.kr/~job/
KorJob(취업 정보)	http://users.unitel.co.kr/~sonsie
구인 구직 취업 정보(Job Bank)	http://www.inote.com/~pjw26/
미추홀넷 취업 정보	http://www.kkom.co.kr/inchon/employ/employ.htm
사이버 취업 뱅크	http://cybercity.shinbiro.com/~jobbank
서당개 시스템 아르바이트/취업 게시판	http://www.sddog.co.kr/alb.html
서울산업대 취업 정보 시스템	http://ww.snpu.ac.kr
신바람 취업 정보	http://www.combase.co.kr

제5장 움츠린 개구리가 멀리 뛴다

사이트 · 통신	주소 · 명령어
아미넷 사이버 시티 취업 마당	http://www.aminet.co.kr/I—Valley/iv2/iv23/iv23.htm
'97 인터넷 채용 박람회(중앙일보)	http://www.joongang.co.kr/recruit96/
주식회사 리크루트(Recruit Co., Ltd.)	http://www.recruit.co.kr/
(주)인턴사	http://www.intern.co.kr
징검다리	http://www.papi.co.kr
커리어 모자익	http://www.careermosaic.co.kr
Korean Technical Communications	http://www.ktcus.com
신바람일터 일터 정보	http://job.combase.o.kr/guin
약사 및 약업계 전문인을 위한 구인 구직 게시판	http://www.donghyun.co.kr/joframe.html
서울특별시 교육청	http://www.seol—o.ed.seoul.kr
Cyber Job Fair(인터넷 채용 박람회)	http://univ.unicoop.co.kr/cjf2/
(사)여성자원금고	http://www.addon.co.kr/HRB/
주간구인 (주)키스	http://www.jobis.co.kr/
휴먼링크	http://www.humanlink.com
JOB(구인 구직 종합 정보 사이트)	http://www.job.co.kr
JobBank	http://www.jobbank.co.kr
Korean International Recruiter	http://members.xoom.com/KIR/
구인 구직(인터넷 채용 박람회)	http://www.software.or.kr/maninfo/index.html
사이버 채용 박람회	http://www.unicoop.co.kr/cjf/
소이 Biz 구인 구직 정보 서비스	http://www.soydream.com/business/job
신바람일터 일꾼 정보	http://job.combase.co.kr/gujik/
열린 직업 정보	http://www.huntjob.com/

사이트·통신	주소·명령어
온라인 취업 정보	http://bbs.para.co.kr/~hannul/
노동부 홈페이지	http://www.molab.go.kr
벼룩시장	http://www.cfm.co.kr
하이텔	http://www.hitel.co.kr/cy5.html
한국경제신문	http://www.ked.co.kr/park
인터넷 코리아	http://www.ink.co.kr
드림서치	http://www.DreamSearchKorea.com
dib 헤드헌터	http://www.dib.co.kr/headhunter
프리랜서 홈페이지	http://www.freelancer.net
매경스카우트	http://www.maeilbiznews.co.kr/scout
외교통상부	http://www.mofat.go.kr
중소기업청	http://www.smba.go.kr
연구인력은행	http://kita.technet.or.kr/recruit
국제교육교류협의회	http://www.ciee.org
한국생산성본부	http://www.kpc.or.kr
동아일보 JOBINFO	http://www.dongailbo.co.kr/fbin/jobinfo
유니텔	GO edu
하이텔	GO work
천리안	GO indjob
나우누리	GO job

제5장 움츠린 개구리가 멀리 뛴다

인력 개발 회사, 헤드헌트, 프리랜서

활황 맞은 인력 복덕방

IMF 한파로 대부분의 업체들이 어려움을 호소하고 있지만 유독 인력 개발 회사만은 즐거운 비명을 지르고 있다. 정리해고제가 도입되고 근로자 파견법이 법제화됨에 따라 대졸자들과 실업자들이 인력 복덕방으로 몰리고 있으며 고용을 창출하는 데 한몫을 단단히 하고 있다. 또한 외국계 기업에 전문 인력을 알선해 주는 헤드헌트 사도 일자리를 찾는 취업 희망자들로부터 주목받고 있다.

근로자 파견법이 법제화됨에 따라 그 동안 제도권 밖에 있던 인력 파견업체들이 정당하게 활동할 수 있게 됐다. 현재 인력 파견업체는 10여 개 업체가 1백억 원대 이상의 매출을 올리며 업계를 주도하고 있다. 직업 소개소 등 유사한 직종까지 합치면 전

직장인도 진짜 프로만이 살아남는다

국에 1천여 업체가 성업 중이다. 인력 개발 회사 관계자들은 유휴 전문 인력 고용 창출을 통해서 실업 문제를 해결하는 데 일조하고 있다고 주장한다. 진방템프의 경우 지난해 말 파견 거래 회사가 1백5개 업체에 달했고 파견 근로자 수도 1천6백40여 명에 이르렀다. 유니에스의 경우 사무직, 비서직, 방송 기술 지원, 간호 보조직, 전산직 등 30여 개 분야에 약 2천5백여 명의 근로자를 파견했다. 이케이맨파워의 경우 기업에서 필요로 하는 각종 분야의 업무 인력을 파견하고 있다. 이 회사는 자체 교육 프로그램을 갖추고 체계적인 교육 훈련을 실시하고 있다. 테엠케이는 인터넷 웹사이트(www.gojob.com)와 데이터베이스를 연결한 정보 시스템을 운영하고 있다.

최근 헤드헌트 업체가 일자리를 찾는 사람들에게 주목받고 있다. 하지만 요즘 국내 기업에 고급 인력을 헤드헌팅 의뢰하는 경우는 거의 전무하다. 따라서 주요 헤드헌트 업체들은 국내 기업보다는 외국계 기업이나 해외 기업 쪽에 무게 중심을 두고 있다. 현재 국내에서 활동 중인 헤드헌팅 업체는 대략 50~60여 개사로 파악되고 있다.

국내 헤드헌트 시장은 매년 50%씩 성장하고 있으며 새로운 헌팅 전문 업체들도 매년 10여 개씩 생겨나고 있다. 또한 금융, 정보 통신 관련 인력만을 소개해 주는 업체가 등장하는 등 점차 헤드헌트 업체들도 전문화되고 있는 추세이다. 시장 규모도 급팽

창하고 있다. 서울서치의 경우 10억 원 정도로, 대략 중대형 업체들의 매출액은 10억 원 내지 15억 원 수준에 달하는 것으로 알려져 있다. 알선 수수료가 매출로 잡히는 헤드헌트 시장의 전체 규모는 연간 2백억 원 정도로 추산된다. 알선 수수료는 천차만별이다. 지사장 등 최고 경영자를 비롯한 임원급의 경우 연봉의 30% 정도가 보통이다. 관리직이나 비서직, 홍보직에 대한 수수료는 연봉의 10~20%에 이른다. 수수료는 해당 인력이 아니라 스카우트하는 의뢰 회사로부터 받는다. 이들 헤드헌트 업체들은 전문성을 요하는 업무 성격상 연봉 5만 달러 이상의 고급 인력들을 주로 알선해 준다.

헤드헌팅의 조건과 현황

자신이 국내외 기업에 의해 헤드헌팅되기 위해서는 무엇보다도 경력과 함께 경쟁력이 있어야 하며 기본적으로 영어에 능통해야 한다. 최소한 근무하는 데 있어서 불편함이 없어야 하기 때문이다. 또한 컴퓨터에 능숙하면 좋다. 여기에다 무엇보다도 자신의 전문적 능력이 있어야 한다. 중간 관리자는 10년 이상, 그 아래 포지션에 대한 수요는 많지 않지만 경력이 5~6년 정도가 되어야 한다.

정보 통신, 금융 관련 전문 인력의 경우 국내 기업에서 헤드헌팅을 요구하는 일은 거의 없다. 미국, 일본, 유럽 등지로부터 컴퓨터 프로그래머에 대한 의뢰가 많지만 컴퓨터 프로그래머가 어학에 능숙하지 못해서 수요에 비해 공급이 딸리는 편이다. 정보 처리 기사 자격증이 있으면 서류 전형에서 우선권이 주어진다. 해외 기업에 취업하면 1년 단위로 재계약된다. 월급 수준은 일본은 30만~70만 엔, 미국과 유럽은 연 4만~10만 달러 정도로 국내보다 훨씬 높은 편이다.

유니코서치 사는 국내에 있는 외국인 회사에 한 달에 20~30건, 국내 회사에 4~6건 가량 취업을 알선해 주고 있다. 최근 미국 실리콘 밸리에 있는 두 업체로부터 각각 3, 4명씩 요청을 받기도 했다. 탑컨설팅 사는 지난 1987년 설립된 워드하우엘인터네셔널(WHI)이라는 네트워크에 가입한 일본, 홍콩, 싱가포르, 뉴질랜드 등 36개국 60개 헤드헌트 업체로부터 인력 요청을 받아 알선하고 있다. 연간 해외 채용은 10건, 국내 외국인 회사에 1백40여 건, 국내 업체에 60건 정도 알선하고 있다.

최근 한국에 진출하려는 다국적 외국 기업들이 지역과 업계 사정에 정통한 전문 인력에 대한 필요성을 절감, 헤드헌트 회사들의 문을 노크하는 횟수가 늘 것으로 보인다. 한편 다국적 헤드헌트 업체가 국내로 밀려올 것으로 보여 국내 헤드헌트 업체들은 바짝 긴장하고 있다.

근로자 파견은 법률적으로 파견 사업주가 근로자를 고용한 후,

그 고용 관계를 유지하면서 근로자 파견 계약의 내용에 따라 사용 사업주의 지휘, 명령을 받아 사용 사업주를 위한 근로에 종사하는 것을 말한다. 파견 근로자 또한 과거에 주류를 이루었던 단순 노동 인력에서 이제는 고급 노동력에 이르기까지 다양하게 확산되고 있다.

헤드헌팅은 전문 용어로 이그제큐티브 서치(executive search), 즉 중역 탐색이라고 불린다. 이 일을 하는 회사는 서치 펌(search firm)이라고 한다. 고급 두뇌 집단이랄 수 있는 기업의 최고 경영자, 간부, 중역 그리고 고급 기술 인력을 소개한다는 면에서 단순 직업 소개소나 인력 개발 회사와 구별된다.

프리랜서는 전문적인 자유 직업인이다. 기업에서는 전문성과 경제성을 이유로 프리랜서를 활용하는 경향이 있다. 직원에게는 기대하기 어려운 목표를 전문가를 활용하여 성취할 수 있고, 외부 업체에 용역을 주는 경우보다도 시간과 비용이 절감되기 때문에 기업 입장에서는 프리랜서를 활용하게 된다. 프리랜서가 되기 위해서는 경력이 필요하다. 한 분야에서의 실무 경력이 최소 3년 이상이 되어야 한다. 3년 미만이면 독자적으로 프로젝트를 진행시키는 데 무리가 있다. 아이디어만이 아니라 그것을 수행할 수 있는 실행력이 있어야 하기 때문이다.

주요 인력 개발 회사

업 체 명	주요 분야	전화번호
유니에스코리아	프로그래머, 경비, 사무직, 청소 등	587-3381
이케이맨파워	오퍼레이터(전산), 사무직, CAD 등	569-5437
진방템프	사무직, 운전, 통역, 텔레마케팅 등	3272-2811
케이텍맨파워	일반 사무직 등	554-3579
TMK	사무직, 컴퓨터, 비서, 속기, 번역 등	553-5001
휴먼링크	사무직, 운전직, 전화 교환 등	769-1121
인터코리아맨파워	상담직, 운전직, 안내직, 사무직 등	756-0391
인터비즈니스시스템	여성 사무직, 전화 교환, 컴퓨터 프로그래머 등	786-0071
거일기업	사무 관리 등	926-6933
서한기업	금융 청원 경찰	2217-0051
에스퍼트	사무직, 경리, 비서 등	786-7477
유성시스템	사무직, 전산직 등	711-2567
(주)탱크맨파워	고객 상담, 텔레마케팅, 프로그래머, 홍보 도우미	927-0181
코리아템프스탭	사무직, 운전, 통역 등	3775-0641

국내 주요 프리랜서 업체

업 체 명	전화번호	팩 스	PC 통신
한국프리랜서그룹	784-4447	784-4404	천리안(ZPIFREEL), 유니텔(S2FREEL), 하이텔(IPFREEL)
서울프리랜서그룹	3431-8581	3431-8561	하이텔, 유니텔, 나우누리, 천리안(SEOULFRE)

제5장 움츠린 개구리가 멀리 뛴다

업 체 명	전화번호	팩 스	PC 통신
프리랜서인재뱅크	780-5431	783-8408	하이텔, 천리안(FLBANK)
유니온	784-2037	784-2039	HTTP://soback koret.nm.kr/~union88

주요 헤드헌트 업체

업 체 명	대 표	전화번호
유니코서치	김형진	551-0313
보이든	김성응	756-9305
엠롬	한상훈	393-3701
탑컨설팅	고강식	551-0361
TAO 코리아	고옥순	739-3981
KK 컨설팅	김국길	551-0203
HT 컨설팅	김낙기	780-3051
피앤이컨설팅		719-7902
드림서치	이기대	569-3833
얼라이드컨설팅	김종환	794-8825
서울서치	김진희	564-4747
NBI		735-4565
휴먼서치	최정아	555-0606

실업 급여 신청

실업 급여는 실직 후 10개월이 지나면 지급 대상에서 제외된다. 실직 신고 이전의 기간에 대한 실업 급여는 소급 적용되지 않는다. 그러므로 늦을수록 손해다. 실업 초기에는 아무 일도 하지 않거나 다른 직장을 알아보기 위해 동분서주하느라 1~2주가 금방 지나간다. 그러다 보면 실업 급여를 받을 기회를 놓치게 된다.

실업 급여는 고용 보험에 가입한 직장에서 실직하기 전 18개월 중 12개월 이상을 근무한 사람을 대상으로 한다. 실업 급여는 2주일 단위로 지급된다.

실업 급여 신청 절차

1. 거주지 관할 노동관서를 방문해서 직업안정과에 실업 사실을 신고하여 구직 신청을 한다.

2. 고용 보험과 실업 급여를 받을 수 있는 자격을 확인하는 수급 자격 신청서를 제출한다. 본인이 2주 간 실업 상태에 있었다는 것과 구직 활동을 했다는 것을 증명해야 한다. 노동관서는 신고자가 실업 급여의 대상인지를 2주 안에 확인한다.

3. 매2주마다 지정된 날짜에 본인이 노동관서에 출석해 실업 인정 신청서를 제출하고 실업 인정을 받는다.

4. 취업이 되면 취업 사실을 신고한다. 실업 급여를 받을 수 있는 기간이 반 이상 남은 상태에서 취업이 된 경우에는 조기 재취직 수당을 신청한다. 조기 재취직 수당은 남은 실업 급여 금액의 1/3로 일시불로 지급된다.

실업 급여 금액과 기간

실업 급여에는 기본 급여와 취직 촉진 수당이 있다. 기본 급여는 구직 기간에 실직 전 평균 임금의 50%를 지급한다. 단 최고 한도는 1일 3만 5천 원이다. 평균 임금은 퇴직 때 기준이 되는 임금을 의미한다. 실직 전 3개월 간 지급된 수당, 상여금 등을 포함한 임금 총액을 일수로 나누어 계산한다. 실업 급여의 지급 기간은 보험 가입 기간과 실직자의 연령에 따라 30일에서 210일까지 다양하다.

제재를 받는 경우

부당한 방법으로 실업 급여를 청구하거나 지급받으면 제재를 받게 된다. 부정 행위 사례로는 다음과 같은 것이 있다.

- 구직 활동의 허위 신고.
- 취업 사실을 신고하지 않거나 취업 날짜를 다르게 신고.
- 부업에 의한 소득 미신고.
- 이직 사유, 임금액의 허위 기재.
- 피보험 자격 취득일 또는 상실일의 허위 신고.
- 사업주의 각종 허위 증명 발급.
- 각종 신고, 신청서의 허위 기재.

부정 행위가 발견되면 그 날 이후부터 실업 급여의 지급을 중지하고 부정 수급액 반환 및 부정 수급액과 동일한 금액을 추가 징수하는 등 각종 제재 규정을 적용한다. 그러나 부정 수급 후에라도 자진 신고한 경우에는 추가 징수를 면제받을 수 있다.

부정한 방법이 사업주의 허위 신고, 보고, 증명에 의한 것일 때에는 그 사업주도 연대하여 책임을 진다. 2회 이상 부정 수급을 한 경우와 2인 이상이 공모하여 부정 수급을 한 경우에는 형사 처벌을 받게 된다.

노동부 실업 급여 서비스

구직 기간 동안 평균 임금의 50%를 구직 급여로 드립니다

- 실직자의 연령과 피보험 기간에 따라 60일~210일까지 받으실 수 있습니다.
- 실직된 날로부터 10개월이 지나면 소정 급여 일수가 남아 있어도 지급하지 않으므로 실직 즉시 신고하십시오.

소정 급여일 수

피보험 기간 / 연령	1년 이상 ~ 3년 미만	3년 이상 ~ 5년 미만	5년 이상 ~ 10년 미만	10년 이상
30세 미만	60일	90일	120일	150일
30세 이상~50세 미만	90일	120일	150일	180일
50세 이상 및 장애인	120일	150일	180일	210일

*고용 보험에 가입한 기간이 6월 이상 1년 미만인 경우에는 연령에 관계없이 60일.

구직 급여 외 취직 촉진 수당도 드립니다.

구직 급여를 지급받을 수 있는 급여 일 수의 1/2 이상 남기고 재취직할 때	**조기 재취직 수 당**	남은 기간 동안 받을 수 있는 구직 급여의 1/2 지급.
지방 노동관서장이 지시한 직업 훈련을 받을 때	**직업 능력 개발 수당**	훈련받은 날 1일 1만 5천 원씩 훈련 기간 중 계속 지급.
지방 노동관서의 소재로 거주지에서 50km 이상 떨어진 회사에 구직 활동을 한 때	**광역 구직 활 동 비**	• 숙박 : 1박 17,500원 • 철도 : 무궁화호 보통 • 선박 : 2등 요금 전액 • 자동차 : 거리별 소정 금액
취업 또는 직업 훈련을 받기 위해 이사를 해야 할 때	**이 주 비**	이주 거리에 따라 43,150~348,790원 지급.

특별한 기능이 없거나 다른 유망 직종으로 옮기려 할 때

- 지방 노동관서의 안내에 따라 직업 훈련을 받으십시오. 훈련 기간 중 구직 급여를 계속 받을 수 있고, 직업 능력 개발 수당의 특전도 드립니다.

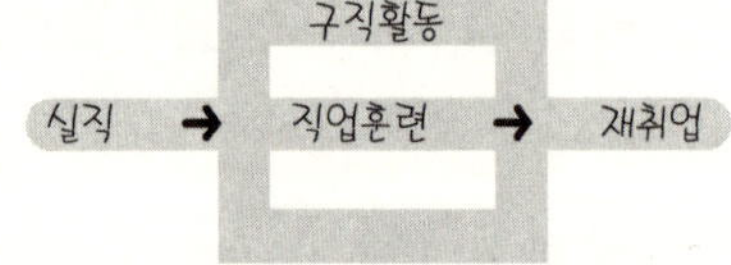

능력과 적성에 맞는 새 일자리를 찾아 드립니다.

- 전국적인 고용 정보와 자상한 취업 상담을 통해 능력과 적성에 맞는 새 일자리를 소개해 드립니다. 지금 곧 관할 지방 노동관서의 직업 지도관을 만나 상담하십시오.

고용 정보

일손 → 구직 상담 · 구인 상담 ← 일터

일을 찾습니다　　　　　사람을 찾습니다

상담원이 말하는 인력은행 활용법

취업 정보의 창고, 인력은행

인력은행에는 재취업에 관한 정보가 널려 있다. 그러나 가만히 앉아 있는다고 이러한 정보들이 날아 들어오는 것은 아니다. 남보다 한 발 먼저 인력은행의 문을 두드리는 것이 재취업의 지름길이란 사실을 강조하고 싶다.

구직 신청을 하면 3개월 간 구직 정보를 제공받을 수 있다. 요즘에는 구직 신청만 해놓고 그 뒤로 한 번도 인력은행을 찾아가지 않고서 "인력은행에 가 봤자 소용 없다"고 푸념하는 소리를 많이 듣는다. 그러나 요즘처럼 구직자가 넘치는 IMF 시대에는 등록만 하고 기다리는 식의 배짱을 부릴 경우 취업에 성공할 수 없다. 부지런히 움직이는 길만이 남보다 빨리 재취업할 수 있는 지름길임을 다시 한 번 강조하고 싶다.

지금은 구직자가 구인자에 비해 몇십 배나 많다. 구직자는 날이 갈수록 늘어나고 구인자는 상대적으로 줄어들어 그 격차가 점점 벌어지고 있는 상황이다. 취업 알선 기관을 자주 방문하여 면접 볼 업체를 확인하고 남보다 서둘러서 면접 기회를 잡아야 한다. 조금이라도 지체하면 이내 서류 전형이 마감되기 때문이다. 공공 취업 알선 기관을 이용해 봤더니 별 볼일 없더라는 A모 씨. 그는 3개월 동안 몇 번 구직 등록 기관을 방문했으나 멀기도 했고 취업 알선 하는 업체에 전화 문의 했더니 서류 전형이 끝났다고 해서 포기했다고 한다.

인력은행을 비롯한 공공 취업 알선 기관, 각 노동관서 및 고용 안정 센터에서도 같은 취업 알선 서비스를 제공받을 수 있다. 그 밖에도 각 시·군·구청과 산업인력관리공단에서도 공동 전산망을 활용하여 구인 자료를 찾아볼 수 있다. 어느 곳이든 상관없이 가까운 곳을 이용하면 된다. 구직자는 실직 기간에도 출퇴근하는 사이클로 활동하는 게 좋다. 처음에야 실컷 자고 싶고, 피곤을 뿌리뽑고 싶겠지만 어느 정도 재충전이 끝났다면 슬슬 하루의 활동 사이클을 나름대로 계획해 재취업 작전에 나서는 게 좋다.

인력은행은 노동부와 지방 자치 단체가 공동으로 운영하는 전문 취업 알선 기관이다. 노동부의 취업 알선 전산망이 깔려 있는 이곳은 1996년 하반기부터 서울, 광주, 대구를 시작으로 현재 전국적으로 운영되고 있다. 상담 관련(심리, 교육, 사회 복지 등) 전

공의 전문 직업 상담원이 배치되어 취업 알선뿐만 아니라 전반
적인 직업 상담을 담당하고 있다. 지금 현장에선 IMF의 영향으
로 넘치는 구직자로 인해 취업 알선이 우선시되고 있기는 하지
만 적성, 흥미 검사 및 심리 상담과 각종 고용 정보 자료를 이용
할 수 있는 장점이 있는 곳이 인력은행이다.

인력은행에 등록하려면 반명함판 사진과 신분증, 필기 도구를
지참하고 방문해야 한다. 그곳에 준비되어 있는 구직표를 작성하
여 준비물과 함께 제출하면 즉시 전산망에 구직 등록 됨과 동시
에 희망 직종 구인 자료를 열람할 수 있으며, 희망 구인 업체를
알선받을 수 있다.

구직 등록을 하면 구인 등록을 한 업체에서 면접을 보자고 직
접 구직자에게 연락하는 경우가 있다. 이는 인력은행을 찾아온
기업의 인사 담당자가 구직표를 열람해 조건에 맞는 면접 대상
자를 뽑아 낸 경우이므로 해당 구직자들은 이 절호의 기회를 놓
치지 말아야 한다.

참고로 구직 등록 후 유효 기간인 3개월 동안에는 제한 없이
구직 알선을 받을 수 있으므로 구직 등록 유효 기간에는 서슴지
말고 자주 인력은행을 방문하여 구인 자료를 열람하고 활용하는
게 좋다.

제5장 움츠린 개구리가 멀리 뛴다

인력은행 활용의 비결

어떻게 하면 인력은행을 충분히 활용할 수 있을까? 상담원으로 일한 그 동안의 경험으로 몇 가지 비결을 소개해 본다.

1. 부지런히 뛰어라.

구직 등록 후 유효 기간인 3개월 동안에는 횟수에 제한 없이 알선받을 수 있으므로 자주 방문하여 구인 업체를 찾는 게 좋다. 단, 전산으로 직장을 알선하는 경우에는 한 번에 3군데로 제한된다. 인력은행이 멀다면 가까운 노동관서나 고용 안정 센터, 구청, 산업인력관리공단을 이용하거나 인터넷, PC 통신을 활용해도 된다.

2. 아무 곳이라도 괜찮다는 생각을 버려라.

구인 등록 된 업체를 고를 때는 제 맘에 맞는 직장이 아니면 안 된다는 과욕도 버려야 하지만 아무 곳이라도 괜찮다는 생각을 가져서도 안 된다. 합격할 경우 망설이지 않고 출근할 수 있는 직장의 수준을 내심 정해 두는 게 좋다. 그렇지 않으면 어렵게 인력은행을 찾아오고서도 갈팡질팡 갈피를 못 잡고 시간만 낭비하게 된다. 이곳 저곳 선택해 놓고 나중에 마음에 들지 않아 면접을 포기하는 일은 피해야 한다.

3. 적극적인 자세로 상담원을 만나라.

구인 업체는 상담원의 추천을 염두에 두기 쉽고 구인 제시 조건에 합당한 구직자라면 망설이지 않고 채용하는 경우가 종종 있다. 상담원을 신뢰하고 예의바른 자세로 상담에 응하면 구직자 자신의 정보를 충분히 전달할 수 있고 상담원으로부터 많은 정보와 조언을 얻을 수 있다.

IMF 사태로 너무 많은 구직자가 몰려와 상담원들도 짜증나는 경우가 있지만 진지하게 상담을 의뢰하는 구직자에겐 모두들 성의를 보일 자세가 돼 있다. 단, 구직자가 밀려드는 시간대라면 용이치 않을 것이므로 평일은 오전 11시 이전, 토요일은 오후를 활용해 볼 일이다.(운영 시간 : 하절기 9시~18시, 토요일 17시까지/동절기 9시~17시)

4. 면접 약속을 잘 지켜라.

구인 업체를 방문해 보지도 않고 임금이나 근로자 수만 전화로 확인하고 만다면 구직자 스스로가 손해를 보게 된다. 면접은 구직자가 평가를 받는 자리지만 구직자의 입장에서는 업체를 살펴볼 수 있는 기회도 되기 때문이다. 면접 약속을 지키지 못할 불가피한 상황이거나 구직자가 거절해야 할 경우라면 업체에 연락해서 정중히 사유를 밝혀야 한다. 또 연락 온 구인 업체가 마음에 들지 않는다고 '취업했다'거나 '약속이 있다'고 둘러대지

제5장 움츠린 개구리가 멀리 뛴다

말고 거절 이유를 솔직히 밝혀야 한다.

　상담원들도 신뢰할 만한 구직자와 신뢰하지 못할 구직자 정도는 구분할 수 있다.

　5. 정성이 담긴 구직표는 절반의 취업을 보장한다.

　구직표는 수려한 글씨체가 아니더라도 정성을 다해 작성해야 한다. 성의 없이 작성한 구직표가 열람하는 구인 업체의 인사 담당자의 눈에 들어올 리 만무하다.

　구직표는 자신의 자랑거리를 솔직하고 구체적으로 보여 줄 수 있도록 작성해야 한다. 컴퓨터 프로그래머를 지원할 경우, 사용 가능한 언어, tool 등을 구체적으로 요약 제시하는 게 중요하다. 막연하게 '컴퓨터에 자신 있음'이라고 쓴다면 아무리 기다려도 좋은 소식을 기대하기 힘들 것이다. 디자이너직을 희망한다면 자신의 입상 경력이나 분야별 경력 등을 상세히 열거하는 게 좋다. 사무직도 마찬가지이다. 워드 몇 타라든가, 사무 관련 아르바이트 경력, 인터넷 검색 능력, 토플 점수 등 자신의 직무 능력을 최대한 제시해야 한다.

직장인도 진짜 프로만이 살아남는다

<h2 align="center">인력은행 주소 및 전화번호</h2>

관 서 명	주 소	전화번호	팩 스
서울인력은행	서울시 관악구 봉천동 869-10 관악센추리타워빌딩 2층	02) 876-1919	874-1354/6
대구인력은행	대구시 중구 포정동 40 동양화재 대구사옥 2/3층	053) 253-8219	253-1634/5
광주인력은행	광주시 북구 중흥1동 900-5 전남일보사옥 1층	062) 514-4230/7	514-4263
부산인력은행	부산시 진구 부전1동 83-1 고촌빌딩 3층	051) 817-1991	808-1904
인천인력은행	인천시 남동구 구월동 1146-9 정우빌딩 7층	032) 428-0860/5	428-0863
경기인력은행	수원시 팔달구 인계동 1124 경기은행 9층	0331) 221-8400	221-8467
대전인력은행	대전시 서구 둔산2동 1133 대전상공회의소 6층	042) 487-1919	488-4996
울산인력은행	울산시 남구 삼산동 1474-2 태영빌딩 2층	052) 273-1919	257-4466
경남인력은행	창원시 팔용동 149-3 대야빌딩 4층	0551) 299-9636	299-9642
부천인력은행	부천시 원미구 상동 464-1 대명시티프라자빌딩 5층	032) 326-0521/5	326-0526
안산인력은행	안산시 고잔동 533-2 석탑프라자 5층	0345) 487-9112	487-9114
원주인력은행	원주시 원동 33-1 삼환빌딩 3층	0371) 764-8215/6	764-8217
천안인력은행	천안시 신부동 466-12 재향군인회관 4·5층	0417) 554-6626/7	554-6625
전북인력은행	전주시 덕진구 인후2가 1573-1 사학연금공단회관 2층	0652) 244-1919	245-1112
경북인력은행	포항시 남구 대도동 632-11 노동복지회관 2층	0562) 284-1350	275-8219

제5장 움츠린 개구리가 멀리 뛴다

지방 노동관서(고용안정센터) 문의처

구 분	주 소	지역 번호	전화번호
서 울 청	서초구 방배3동 1022-10	02	3472-9090
서 울 중 부	중구 홍인동 13-1 한성프라자 3층	02	2252-9090
서 울 동 부	송파구 잠실동 181-2 성진빌딩 2~5층	02	2202-8914/5
서 울 서 부	마포구 염리동 156-1	02	3273-9090
서 울 남 부	영등포구 당산동 6가 121-103	02	661-9090
서 울 북 부	도봉구 창4동 12-3	02	999-8878/9
서 울 관 악	구로구 구로5동 106-4	02	853-9090
춘 천	춘천시 효자3동 757	0361	582-9090
태 백	태백시 황지1동 25-14	0395	582-9090
강 릉	강릉시 포남동 1117-14	0391	645-4977
원 주	원주시 단계동 783	0371	734-9090
영 월	영월군 영월읍 영흥5리 976-1	0373	373-9090
부 산 청	동구 초량3동 1145-1	051	851-9090
부 산 동 래	동래구 명륜동 529-5	051	553-4530/2
부 산 북 부	사상구 덕포동 761-2	051	304-9090
창 원	창원시 용호동 7-5	0551	283-9090
울 산	울산광역시 남구 신정3동 584-5	052	271-4787
양 산	양산시 북부동 695-6	0523	386-9090
진 주	진주시 상대동 285-1	0591	752-9090

구 분	주 소	지역번호	전화번호
통 영	통영시 무전동 356-130	0557	641-9090
대 구 북 부	북구 관음동 1372-1	053	325-9090
대 구 남 부	동구 신천3동 78-2	053	765-8522/8
포 항	포항시 북구 죽도2동 46-3	0562	278-9090
구 미	구미시 송정동 51	0546	456-9090
영 주	영주시 휴천3동 36	0572	636-9090
안 동	안동시 태화동 484-9	0571	853-9090
경 인 청	인천시 남동구 구월동 1113	032	435-9090
인 천 북 부	부평구 부평동 182-10	032	516-9090
수 원	수원시 권선구 고등동 4-1	0331	241-9090
부 천	부천시 원미구 중동 79-14	032	323-9825/6
안 양	안양시 만안구 안양7동 204-6	0343	441-9090
안 산	안산시 고잔동 526-1	0345	411-9090
의 정 부	의정부시 의정부3동 370-10	0351	878-9090
성 남	성남시 수정구 신흥3동 2550	0342	742-9191
광 주 청	동구 광산동 1-4	062	222-9090
전 주	덕진구 우아동 아주택지개발지국 51-6	0652	245-9090
익 산	익산시 마동 181-7	0653	843-9090
군 산	군산시 조초동 852-1	0654	452-1126
목 포	목포시 상동 976번지	0631	283-7815

제5장 움츠린 개구리가 멀리 뛴다

구 분	주 소	지역 번호	전화번호
여 수	여수시 문수동 111-1	0662	653-6812
제 주	이동 2동 417-3	064	755-9060
대 전 청	서구 둔산동 1303	042	482-9090
청 주	청주시 상당구 북문로2가 133-2	0431	254-9090
천 안	천안시 신부동 369-2	0417	551-9090
충 주	충주시 봉방동 21-38	0441	855-9090
보 령	보령시 명천동 12-68	0452	936-9090

직장인도 진짜 프로만이 살아남는다

직장인도 진짜 프로만이 살아남는다

초판 인쇄 1999년 4월 29일
1쇄 발행 1999년 5월 6일

지 은 이 이종민
펴 낸 이 심만수
펴 낸 곳 (주)살림출판사
주   소 110-012 서울시 종로구 평창동 358-1
출판등록 1989년 11월 1일 제9-210호
전화번호 영업 · (02)379-4925~6 편집 · (02)394-3451~2
팩   스 (02)379-4724

ⓒ 이종민, 1999

ISBN 89-522-0008-X 03320

* 잘못된 책은 구입하신 서점에서 바꾸어 드립니다.
* 저자와의 협의에 의해 인지를 생략합니다.

값 7,000원